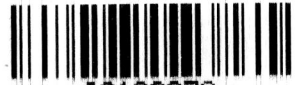

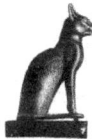

Αίλουρος

алексей цветков

# все это
# или
# это все

собрание стихотворений
в двух томах

том II

ailuros publishing
new york
2015

Редактор Елена Сунцова.
В оформлении обложки использован рисунок работы Ирины Глебовой.
Подписано в печать 14 июля 2015 года.

All of It, or That's All
Collection of Poems in Two Volumes, by Alexei Tsvetkov. Volume II
Ailuros Publishing, New York, USA
www.elenasuntsova.com

ISBN 978-1-938781-39-1

\* \* \*

эта прежняя жизнь только средство
для впадения в детство

пузыри что из десен пускали
в идентичном оскале

плод либидо надгрызенный вместе
в том советском подъезде

забывается в сумерки норов
всех существ и приборов

мурава на лугу непримятом
где работал приматом

отморозишь любовь в феврале
обойдешься протезом
на прозекторском голом столе
обезьянка с надрезом

\* \* \*

на лугу у домика
расцвела вероника
в небе ласточка видна
называется весна

клином в охру на рассвете
перелетные медведи
встань радаром шевеля
рокот шершня и шмеля

беглый взгляд завис на детях
вряд ли был одним из этих
шея дрогнула едва
покатилась голова

и уже ненужным глазом
глянешь снизу на себя
как растешь зеленым вязом
воздух сучьями скребя

из травы торчат мордашки
вспышки синего огня
ни маринки ни наташки
сплошь вероника одна

## отражение

идет сеанс там на экране мы
гиганты жеста следопыты слова
лучами вычерченные из тьмы
на час-другой и прыг в коробку снова
в нас логика сценария тверда
проворен труд и выверена прана
но кто же в зале зрители тогда
и на кого мы щуримся с экрана
чья ипостась так трепетно покорна
игре полна вниманья и попкорна
сучит конечностями подпевает
вот мой герой приоткрывает рот
как будто правду говорит не врет
как сивый мерин зря что не бывает
там наяву ни правды ни на грош
ни логарифма чтобы сверить ложь

у выхода печальна и бледна
с кем встречи не предусмотрели в смете
материальных тел сидит одна
кого я помню больше нет на свете
мой персонаж поерзал и сказал
очередную чушь но он безвреден
реальности и я спускаюсь в зал
откуда световой откачан ветер
в зеркальной пустоте она как мы
из квантовой составленная тьмы
хоть собственную отпусти из вен ты
ручьем до полых перфораций ленты
чем с полотна елозить под огнем
простимся здесь в коробке отдохнем

**чего не хватает**

ты знаешь чего мне всегда не хватает
все падает вниз а вверху не летает

все ветер да липкое небо над нами
там дикие прочь облака табунами

проступит из глаз пустырей постепенно
гряда городская гранитная пена

в последний дозор словно капель в бокале
там жителей было но в грунт закопали

комплект ритуальных услуг дорожает
что сильно несчастных живых обижает

они полагают что в плане ошибка
у тусклых костров свои призраки грея
и нужная в небе сломалась машинка
на личные части делившая время

ты знаешь что нужно найти позарез там
луну что в подвале у них под арестом

из синего в мыле столетий металла
которая предкам их части считала

раз в челюсти конченным грунт достается
пускай хоть луна наверху остается

ведь нет ничего одиноче и резче
над временем вверх опрокинутой вещи

### танго на юге

парк культуры и танго на юге
стисни тело и алчно молчи
по кустам соловьи друг на друге
с полутакта кончают в ночи
заводи аргентина и торрес
нам лолита в трофейном кино
несусветную юности повесть
как мы молоды были давно
бертолетовой солью набита толпа
вьются попы в рискованных па

соискатели виснут на телках
в каждом спермы примерный ушат
хулиганы в окрестных потемках
обреченно штанами шуршат
массовик над баяном рыдает
поверяя секреты судьбы
соловей в соловья попадает
человек в человека увы
но смелей под аккорды слияния уст
закипающий в лифчике бюст

полыхают сердца как поленья
под котлом нас ведь тоже пойми
все с путевками для исцеленья
разных язв но и страсти полны
расспроси с глазу на глаз любого
чем он занят в уборной с утра
видишь светка стоит как свобода
с фотокарточки делакруа
с этим фактом пора управляться самим
мы любых соловьев посрамим

лейся біле міцне и фетяска
в пойму годы с собой унося
сумасшедшее танго бердянска
угорелая молодость вся
ледяными людьми переполнит
мир по горло свои полюса
наши пляски едва ли припомнит
той приморской земли полоса

где о шест мироздания терлись тела
и какая свобода была

## день кота

я жил в движенье на гиппопотаме
байкал и атакаму рассекал
легко швырял медведя на татами
очами в волчьем логове сверкал
стрекал стрекоз но не был я готов
к великой тайне кошек и котов

загадочные эти организмы
мяукают в астрале на луну
как будто изрекают афоризмы
двуногому не по зубам уму
с собаками якшаться не хотят
и не детей рожают а котят

нам не дано своих стрекоз стрекая
хоть каждой головы величина
с мичуринский арбуз постичь какая
премудрость в сих котах заключена
ни серый волк не конкурент котам
ни сам стремительный гиппопотам

но есть и в нас крупица смысла тоже
мы роли на земле не лишены
когда с презрением на хитрой роже
лежат коты средь летней тишины
воздев к зениту лапы и живот
их чешет человек и тем живет

* * *

старики стремятся плакать
на проселок за версту
песни киснущую мякоть
щупать голосом во рту
за селом в морозы звездно
девкам с юношей смешно
веселиться стало поздно
время плакать подошло
в эту пепельную осень
смысл творенья вредоносен
в лица лютая волна
лето прожили в подвале
а дверей не открывали
пригибались у окна

ниже облачных ставридин
саблезубые холмы
там конец дороги виден
а за ним каемка тьмы
поперек росы и блеска
сажей жирная черта
непрожеванная песня
липко виснет изо рта
здесь узлами вяжут трубы
шестерням срезают зубы
из ступицы выбьют ось
ни дверей внутри ни окон
вечной ночи черный локон
вьется в зеркале насквозь

## the importance of being earnest

если в памяти взвесить убытки
всех событий покуда свежа
вдруг допрешь что ни разу улыбки
не заметил на морде ежа

а очкастая личность енота
даже тени ее лишена
лишь тревога в глазах и забота
очевидна на морде одна

как серьезны скажу вопрошая
все животные здесь кроме нас
то нахмурится мышь небольшая
то осел загрустит коренаст

обитаемый ими и нами
мир раскидист для всех и тенист
здесь хихикнет хирург временами
и партийный заржет активист

человеческой жизни уроки
недостаточно освещены
отчего мы смеемся уроды
и огромные носим штаны

гложет чувство что даже нечестно
по житейским пускаться волнам
где животным такое известно
в чем они не признаются нам

перед зеркалом как телекомик
подопрешь себе с горя бока
и до свинского визга до колик
все смеешься с себя дурака

## что написано

допустим существует вселенная
всякие звезды и все что положено
туманности и космической пыли как в доме
где ее уже добрую вечность не вытирали
даже наверняка там есть и этот дом
на одной захолустной планете
где ее вечность как не вытирали
но если сдуть с подоконника
над которым как раз и горят эти звезды
там может оказаться книга
и если открыть ее на последней странице
прочтешь на отзвучавшем языке
что они жили долго и счастливо
и умерли в один день
но там ничего не написано о том
что теперь этот день вспомнить некому

\* \* \*

история струится на дворе
судьбы царица
как предсказал анри пуанкаре
все повторится

сам воздаяние себе и месть
свой суд без слова
едва отдышишься от жизни здесь
начнется снова

притерта биография к вещам
вся в адской саже
она как фридрих ницше обещал
у нас все та же

надежда свидеться соблазн обнять
живых кто ближе
но там ведь ты появишься опять
всегда все ты же

**все как есть**

вначале оставалось все как есть
то водосточная журчала жесть
то шустрые в метро шныряли крысы
с афиш подкожным клейстером шурша
смотрела в сумерки его душа
в притворном естестве киноактрисы

был сморщен мир как сказочный кощей
он состоял из выцветших вещей
и отношений зрение качалось
в глазницах как растяжка на ветру
с бессмысленной строкой он поутру
вчитаться пробовал не получалось

когда он честно спал то видел луг
весь в лютиках на дальнем поле плуг
с оратаем овраг в хрустальных росах
без просыху и сам куда-то в нем
в обличье старца бесконечным днем
шагал сжимая суковатый посох

а наяву все вкривь пошло и вкось
провисло время где изъяли ось
хребта он понимал что полог порван
одна душа под ливнями бела
пятном на сером заднике была
как натали какая-нибудь портман

он там лежал на цинковой доске
додумывая притчу о куске
невнятной надписи с изнанки века
а номер на ступне уму в ответ
опрсдслял помечешпый предмет
как окончательного человека

пар над оврагом ширился и рос
не просыхая в катакомбах грез
он был разъят на матрицы и воздух
в прощальном сне обещанный ему
делился заново на свет и тьму
на небо в лютиках и землю в звездах

\* \* \*

над стволами центрального парка
где самшит с нивелиром обрит
занимается небо неярко
ежеутренним спиртом горит

постепенно из потных постелей
выгребая тела к десяти
нам о жребии пленных растений
умных мыслей в себе не найти

нам не внять где в июле соблазны
и бело если в стужу белым
что растения жить не согласны
как мы им благосклонно велим

есть у леса заветная книга
про последний решительный суд
как людской геометрии иго
липы с кленами в пыль разнесут

станут жить подпирая руками
небеса в запредельной красе
в дружбе с бабочками и жуками
никому не подвластные все

**страшный суд**

постепенно трое
из тех потерянных носков нашлись
а остальные запаслись терпеньем
есть чувство нормы в мире и оно
для маловеров как неугасимый
маяк всей чуткой мелочи магнит
носки вернулись в семьи вот и нам
в анахоретстве чахнувшим привычно
разбросанным по квантам и волнам
черед вести себя аналогично

я праздновал бы пурим но смотри
какой привет от культа конкурентов
как писк под микроскопом это в клетке
на жердочке трепещет ангелок
муаровые перышки топорща
агатовые коготки на клапан
хоть ультразвук но в правильном миноре
трубит кирдык не всем а лишь таким
как сам с редиску ростом страшный суд
для наших малышей танцуют все
как если бы не выбыл из игры
агент без атрибута и названья
кто маленькие сочинял миры
из тонкой персти несуществованья

один из возвращенцев полосат
а в клеточку в чулане повисят
носок вернулся и зачислен в строй
нет все-таки пора и по второй
он входит в дом сидит его жена
за прялкой вся в поту потом вторая
она в анабиоз погружена
в хрустальном гробе спит не умирая
скорее виски в пасть и до пяти
которой же в раю он будет пара
нам больше мельхиора от каспара
ни отличить ни сходства не найти

## синтез искусств и наук

был бы живописцем написал бы маслом
спящему фридриху кекуле является змея
кусающая себя за хвост с намеком
на строение бензольного кольца
сам кекуле в кирасе шлем поодаль
видимо сморило на коротком привале
на фоне багровой зари обозначен
чуткий профиль стреноженного скакуна

но прежде чем формула будет явлена миру
кто-то должен прервать поцелуем
волшебный сон естествоиспытателя ему
уснувшему в канун седана подсунули
отравленное французское яблоко
родине грозит утрата приоритета
змея обернулась углеродным кольцом
валентные связи мелодично осциллируют

миссию можно поручить урании
музе смежной дисциплины поскольку
собственная у химии отсутствует
но чу легким шагом из-за деревьев дева
аллегория германии она лобзает героя
легонько ударяет мечом о плечо
и нарекает его фон штрадониц оба
уносятся в пленительном танце

тут пожалуй подключается хор
по крайней мере так мне видится
мальчики гурьбой высыпают на сцену
нахлобучивают пластиковые пакеты
отплясывают славу химии царице наук
владычище иприта богине фосгена
впрочем живопись уже давно бессильна
это скорее балетное либретто

## третья попытка

сперва спаситель посетил стрекоз
личинок нимф и слюдяных имаго
но в миссии случился перекос
им и без рая радости немало

затем он был рожден среди червей
дать им понять чего греша лишатся
нет участи чем под землей черней
и черви адской муки не страшатся

чтоб не было ошибки в третий раз
болея о душе а не о теле
презрел сомнения и выбрал нас
а мы с ним поступили как хотели

но он воскрес чтоб богу рассказать
про бесполезность рая или ада
одних на свете незачем спасать
а остальных вообще спасать не надо

## инверсия

когда родимся и возьмемся жить
нам жаловаться жизнь придет ночами
зачем ее невидимая нить
трагически оборвана в начале

кто помнит здесь как не было его
из нас позавчерашнего разлива
вперед вперившееся большинство
не смотрит в эту сторону трусливо

как убедить себя что рождены
мы а не вы недостает ума нам
что в списках что с утра утверждены
все имена проставлены обманом

затеряна средь звездной кутерьмы
в минусовой квадрант ведет кривая
вселенной где отсутствовали мы
всю вечность сами не подозревая

осталось на гремучей мостовой
или в безлюдье полевой полыни
всегда гадать где были мы с тобой
когда еще нас не было в помине

где нерожденных призраки сквозят
будь мужествен как поцелуй гвардейца
стоять реверсом к смерти быть назад
и в эту бездну с ужасом глядеться

### аргонавты

не о вас горланили гомеры
за евксинской хлябью далеко
экипаж лесостепной галеры
гребля мизераблей из гюго

неприязнь от некрасивых рядом
в сточной отпечатана воде
волховом ли волоком ли адом
ночь не отличается нигде

говорят что некоторым можно
навзничь кто от времени продрог
и не жить но и подавно тошно
вряд ли в грунт упрятанному впрок

годы жизни от полярной ночи
в ледяные забраны чехлы
вся она внутри себя короче
не кончаясь впрочем до черты

чем чужие извлекать примеры
нам из воздуха бензопилой
помолчите певчие гомеры
да и вы овидии долой

с колокольни китежа со дна я
светлояра взвою в наготе
широка вода моя родная
много в ней примеров да не те

барка ближе к полюсу ума не
приложить как выжить всем одним
вшивый схимник тающий в тумане
льдина динамитная под ним

## белочка

*памяти аси каревой*

локомотив сигналит издалека
женщина чьи инициалы а к
скоро не будут принадлежать никому
смотрит на рельсы проложенные во тьму
женщина твердо решила что жизнь отстой
эту историю встарь описал толстой

поезд все ближе все нестерпимей рев
счастлив пролог но развязки сюжет суров
жизнь поджимая лапки глядит бледна
белочкой в сучьях на синий клинок полотна
только у смерти хватит на свете сил
вырубить локомотив чтоб не голосил

рвется парча сетчатки паучий шелк
спи электричество локомотив умолк
гаснут глаза глаголы и города
белочка прячется в листьях но голова
вполоборота словно шепча пока
море и все эти звезды и ты а к

\* \* \*

напрасно в направленье ада
прокладывать загробный путь
давайте умирать не надо
продолжим жить куда-нибудь

пусть било нас и обижало
надежда выжжена в груди
но там же обнажает жало
такое что не приведи

ведь жив же каждый жабры грея
под общим солнцем без труда
я к вам привык за это время
зачем расстанемся тогда

жаль что однажды как цунами
слизнет и больше ни души
есть и плохие между нами
но мы и сами хороши

нас мало канарейка мышь ли
зимой озябшие в пальто
живите все какие вышли
и все простите если что

## ностальгия

вдруг стало меньше глины и песка
запели вслух кузнечики и птицы
все говорит о том что цель близка
пустыня распахнула нам границы
промешкали простой обряд творя
над прахом дряхлого поводыря
и на рассвете вышли пешим ходом
к земле текущей молоком и медом

он клялся что желанней края нет
эдемский сад сравнится с ним едва ли
но с той поры десятки скудных лет
и поколенья мертвых миновали
покуда нас носило далеко
засахарился мед а молоко
прокисло что ли но в краю похожем
на миражи мы жить уже не можем

мы к звездному приучены шатру
в безводном грунте память утопили
зачем звенят кузнечики в жару
и что нам делать с птицами такими
платаны строем издали грозят
нам страшно здесь мы повернем назад
там норма с пайкой вертухай и ватник
и кость в пустыне теребит стервятник

\* \* \*

гаснет мозг и неизвестно
знаний поздняя заря
беспорядочная песня
повисает изо рта

смотришь пегий как морская
свинка в юности сама
постепенно упуская
все подробности ума

мелкий бог и неумелый
сочинял тебя дружок
между лап животик белый
ушки жалкие в кружок

или зеркалу в прихожей
недостаточно пригож
шевеля мышиной кожей
песню прошлую жуешь

прячь трагический румянец
тайно ушками торча
скоро выйдет перуанец
он и съест тебя тогда

и скелетик твой загробный
весь в рентгеновском дыму
лапку вилочкой подробной
вложит в лапку моему

**тотем и табу**

насквозь психологию нашу
австрийский философ проник
мы в древности съели папашу
и в небе явился двойник

с тех пор опроставши с друзьями
тошнотной сивухи флакон
виним в первородном изъяне
такого папашу как он

луной помыкая и солнцем
летая меж звезд быстрокрыл
он воздух испортил японцам
и кран в бангладеш не закрыл

беды затмевающей нашу
не сыщешь на свете нигде
напрасно мы съели папашу
поджарив на сковороде

а были бы добрые дети
сидели бы наоборот
на вкусной капустной диете
и водки не брали бы в рот

\* \* \*

суетился в окрестности озера
невнимательно словно во сне
видел бродского там или лосева
миновало и где они все

в этом зареве зависть попутчица
озорней окуней за плотом
только молодость раз и получится
а за ней эпизоды потом

все усердие сердца в крови мое
память спит и не стоит труда
где ты озеро непоправимое
розоватая в безднах вода

тихой охрой стремительным суриком
до детройта нагрянул закат
в стороне где по суткам и сумеркам
бродит бродский и лосев сохат

**другие**

истребитель ботвы и корней
борщ обмотанный в кожу
он однажды женился на ней
ради доступа к ложу
для того и на свете возник
посопел и дождался
но не сына который у них
от него не рождался
иногда горевала одна
всю весну напролет у окна

а когда появился другой
из тумана лесного
извивалась покорной дугой
уступила без слова
не пойми от кого понесла
от отца или духа
и приплод как случилась весна
приняла повитуха
испытала водой и огнем
тайный знак обнаружив на нем

мы другие и каждый таков
что без пользы наука
а не дети степных едоков
этой брюквы и лука
обреченная похоть смешна
и с печатью бумага
наша жизнь на рассвете пришла
из лесного тумана
путеводный имея во тьму
тайный знак незаметный уму

и когда они станут ботвой
задубеют корнями
чтобы с нимбами над головой
бесконечными днями
предъявлять в обожанье немом
райским стражникам ксиву
только мы с нашим тайным клеймом
честной смерти под силу

только тех чья печать не видна
возвращает туману она

**внутри**

космос в сумерки покрыт
звездным колпаком
там внутри огонь горит
он горит о ком

посиди в его тепле
слезы оботри
обо мне и о тебе
он горит внутри

заслони его рукой
света ни следа
но и крошечный такой
пусть горит всегда

думай ласково о нем
чтобы не погас
даже если мы умрем
и не станет нас

чтобы звезды над тропой
черные согрел
чтобы он о нас с тобой
там внутри горел

### ДЯДЯ В ГОСТИ

он не тот за кого мы его принимаем
говорит полулежа на пыльном подоконнике
морочит в чашке остывший чай
кепка болтается на худом колене

там еще остались подсобные миры
куда я с начала времен ни ногой
да и незачем все окажется как везде
мне ли не знать если сам и сотворил
новопреставленным праведникам еще лафа
они вскоре сходят с ума принимаются петь
так и дрейфуют в нимбах с выпученными глазами
растопыренные крылатые пауки
в будущее которое никогда не наступит

они меня постоянно путают с тем кого нет и не надо
этот ваш каторжник томас манн уильям гэддис
я ведь всегда совершенно один понимаешь
как дитя сочиняю себе воображаемых друзей
лучше когда они получаются злыми
или кладезями анекдотов про евреев
в этом слепящем свете мрак на вес золота
вечность доложу тебе утомительная затея

но всего сильнее говорит он
я завидую тем кого не успел придумать
не елозь говорит время чернильниц миновало
можешь попробовать мышью но выдерни usb
ладно отвечаю засиделись
приберись на кухне а я тут схожу поживу

**ожидание**

скрипит луна меж лапами платана
трава мертва ни шороха в листве
сова минервы в сумерки летала
мышей в саду повыела везде

трудился ум в ком мудрость не дремала
хулу превозмогая и молву
все аггадот вся мишна и гемара
усвоены до извести в мозгу

и овладев предвечной тайной речи
промедлишь на пороге поутру
в неряшливо наброшенном на плечи
лапсердаке и пейсы на ветру

там небеса в летательных машинах
в лесах соборы нефть в кишке течет
но где-нибудь уже рожден машиах
и начат окончательный отсчет

пусть гойские под витражами гимны
неистовы но разве звук пустой
завет и обязательства взаимны
шемот глава вторая стих шестой

стоишь себе в простом еврейском платье
под ветром поутру глаза огнем
а эти снова возвели распятье
и что-нибудь развесили на нем

надежда обождет мозги на вынос
из книги расползаются слова
трава шуршит платан стоит где вырос
луна прошла и сладко спит сова

\* \* \*

ничего не будет кроме
неба в облаках
жителя в дверном проеме
с кошкой на руках
думали не помогало
в мыле голова
так всего осталось мало
дюжина едва

отекли от мыслей лица
оспа и отит
житель с кошкой удалится
небо улетит
провели весь путь в простуде
были как во сне
эти кошки эти люди
и другие все

**конспект мемуаров**

я пропадал береговым микробом
вплотную к руслу вечности почти
дрожа от страха на миллиметровом
обрыве и реснички в кулачки

река времен порочный круг работы
и купола трагический атлас
мы ростом с гулькин хер прокариоты
что нужно богу жадному от нас

не нас на свет произвела утроба
под теменем не реяли умы
я был в одну микробицу до гроба
да ноль для секса органов увы

не нам с тобой весной цвела мимоза
чей импорт с юга пресекли давно
без хромосом всей слякоти мейоза
влюбленному изведать не дано

где маменька зачем висит немая
луна в отчаянье реснички ввысь
как страшно жить себя не понимая
но и не жить попробуй изловчись

когда б сиял в большом и стройном теле
скопив существованье по грошу
амебой скажем но на самом деле
здесь нет меня и кто же я пишу

\* \* \*

прошумела в окне шелковица
вахта аиста в колесе
больше поезд не остановится
до конечной не выйдем все

в этот край от огня рассветного
не доносят фотоны весть
можно π зубрить до последнего
десятичного время есть

о любимом тоскуя способе
как о буре в порту моряк
ребра в тамбуре к женской особи
тазобедренно задом бряк

не меняет скорость в окне места
ожидания меркнет пыл
на мгновенье припомнишь аиста
но не знаешь какой он был

колесо стирается у трубы
дым мерещившийся года
ели камень бы пили воду бы
был бы камень или вода

прекратили мелькать события
с небом заподлицо в степи
на конечную жди прибытия
десятичную цифру π

**смерть дидоны**

бросит серп землероб и каменотес кайло
в почерневшей лазури из ангелов никого
спят сопя светила лишь с берега шлет гора блик
но в сожженном зрачке ее отраженье ложь
странник нижнего неба куда ты всегда плывешь
золотой кораблик

если предок в пещере не изобрел огня
не барахтаться в браке до остального дня
полоснешь серпом и легко пребываешь холост
золотой на волне долговое письмо врагу
землероб ли да с каменотесом на берегу
собирают хворост

догори дорогая рубиново меркни спи
корабли на воде словно скифы в пустой степи
или блохи в руне олимпийским гонимы гневом
сокрушителям башен не стоила троя труда
всхлипнет море и вспомнит кем оно было тогда
затонувшим небом

на истлевшем сердце парусный светел след
искривляет время коралловый твой скелет
но на звездном заднике смазан в туман от ветра
только грунт елисейских раздолий реально тверд
только знает любовь кого заманила в порт
и кого отвергла

**из ариосто**

ринальдо в зачарованном лесу
над ним струятся демоны армиды
и небеса простерли на весу
зодиакальных ужасов орбиты
он слишком спит но тишина внутри
пульсирует она живей наружной
которая хоть тело в ней умри
ненастоящей стала и ненужной
глазные крестовины два окна
но сталь и мякоть видимость одна

суди кто видимости здесь родней
из преданных посмертно и повторно
волшебной власти в полости огней
святого эльма за порталом шторма
стальное тело спит в его груди
чувствительного сердца новостройка
кончайся жизнь и жалости не жди
раз сотканная сном длинней настолько
последней совестью не покриви
ринальдо спит он гражданин любви

здесь устье человеческой реки
притоки рук и мужества немало
что ей с того что это не жуки
в густой листве а демоны обмана
кто рыцарь был и насмерть злу гроза
к волшебнице взаимностью пылает
пока обсел все ноздри и глаза
опарышей решительный парламент
лес бледных рук и на табло ответ
нам нет любви и ненависти нет

## аленушка

в лесу непролазном где плесы луна целовала
где вотчина божья однажды а нынче ничья
уткнувшись веснушками в мятый подол сарафана
аленушка плачет и горе ее в три ручья

сопрано вконец сорвала и овраг затопила
по поводу братца все жребии бедному злы
напился поди из копыта быть может тапира
в заморский один зоопарк на заре увезли

над темной водой птеродактили кычут летая
ползут трилобиты кембрийских не слушаясь уз
по пеленгу плача плывут корабли из китая
на палубах панды грызут стратегический груз

по горло в дубравах кикиморы пробуют воду
столетняя плесень в горючей славянской косе
но нет ни малейшего шанса из клетки на волю
найти человечье копытце и снова как все

уходят медведи что в дебрях бока отлежали
на кручи валдая из ягодных отчих долин
рвануть бы по отмелям с жабами их и ужами
к той ржавой задвижке где плачет аленушка блин

подступит слеза к горизонту и купол качнется
стремительным тазом навстречу соленой волне
а дети бегут от грозы что никак не начнется
я честно исправлюсь сестричка не плачь обо мне

\* \* \*

на римских высотах когда-то весталки вестали
орлов доставали авгуры потом перестали

в глухих погребах завывали сторонники митры
там крови быков проливались несметные литры

еврейскому на три персоны разъятому богу
язвительно перебегал аравийский дорогу

но в принципе все это были нормальные люди
четыре конечности головы бедра и груди

дрались алебардами мордами в снег умирали
таких наряжали в атлас и в гробы убирали

устав наблюдать как история ходит по кругу
на время добрели и в мирное время друг другу

дарили охапки цветов и кульки карамели
любили наверное просто сказать не умели

ты плачешь послушай тогда эту повесть сначала
она бесконечна и чтобы в пути не скучала

**рука**

вот подходит к вагону один из дядь
перед ним страна велика
а в руке у дяди ручная кладь
для того ему и рука

габардиновый клифт деловитый взгляд
мы и сами к свистку спешим
я уеду с родными куда велят
подрасту и стану большим

полубокс в велюре и плеч ширина
но не вспомню себе на беду
очень маленького стоящего на
том перроне в дальнем году

это белгород что ли днестровский глядь
невдомек спеша по часам
что одним и тем же из этих дядь
остаюсь навсегда я сам

обогну малыша и в купе скорей
второпях судьбы не пойму
и рука неразлучной клади своей
не отдаст опять никому

## рапорт

на приморской где кафельные дома
уверяли что игорь сошел с ума
что мозги мол высохли на корню
и внезапно игорь понес хуйню
о пришельцах которые среди нас
для гипноза газом туманят глаз
сами ящеры по природе
и его родня увезла в село
я и видел его только раз всего
он тогда был нормальный вроде

увезли и ладушки снят вопрос
но хуйня которую игорь нес
все сочилась исподволь из села
вот ведь блядь некстати судьба свела
не моя ли в этом милорд вина
хоть и крепок газ но иным видна
вдоль хребта пила и трезубец
на хвосте шизофреники наравне
со шпионами как бы не обо мне
на приморской бубнил безумец

я вину милорд искуплю свою
я до блеска вычищу чешую
и в броне нефритовой до бровей
выйду в сумерки с бритвой на их бродвей
у кого реле развело в груди
на любого паяльник найдем поди
только газу погуще дайте
если надо пешком до села дойду
им не снилось даже в каком аду
навсегда поселил их данте

не над ними ли мы поглумились всласть
всю советскую им отмеряли власть
хоть ослаб каркас но фундамент тверд
этот игорь в графе у меня милорд
чтоб мне в топке урановым пнем гореть
мы хуйни от него не услышим впредь
некролог ему мелкой версткой
с остальными справимся к январю

я ведь знаю милорд о чем говорю
я давно живу на приморской

## невозможность и неизбежность

увы неизвестен мне зверь колонок
размах его крыльев количество ног

я глобус не раз обогнул но пока
на свете нигде не встречал колонка

любой колонок в этой жизни земной
сумел до сих пор разминуться со мной

и есть основанья считать что они
в оставшиеся не покажутся дни

хоть их неизбежность пойми головой
утрата реальна и шанс нулевой

когда у последней столпимся реки
рыдая хоть шли не за этим
на нас посмотреть прибегут колонки
но мы их уже не заметим

## центральный парк

неоновая в сумерки листва
отцветено и отплодоносило
но человеческие существа
хотят всегда где выглядит красиво
и в дождь расхаживая и в жару
я сам одно из них и вот живу

на свете праздник или выходной
светила как мичуринские вишни
беда ли что дорожки до одной
петляют вслед себе откуда вышли
жить стало некуда по сторонам
стена и сталь впадающие в ревность
бог недоучка пусть простит и нам
всю насекомость снов и однодневность
которой ночь преграда впереди
нет лето никогда не проходи

моли огонь чтоб в бархате не гас
сноп андромед ван гога на картине
развязан здесь и это мы сейчас
целуемся и петь не прекратили
с ист-ривер бриз уносит мысли ввысь
замри июль или еще продлись

\* \* \*

звезды горошком и в нашей долине
житель старается на мандолине
искренним дискантом в полночь поет
кошка подтянет завоет койот

мы нашей жизнью в долине довольны
правда что жить в ней слегка подневольны
бог нас не спрашивал сам не рожал
сел к монитору и кнопку нажал

если бы не было этой долины
я бы руки не просил у полины
чья согласится на свадьбу рука
в месте которого нету пока

и без того я пеняя на бога
преувеличил с полиной немного
так как ответить взаимностью мне
все же согласна она не вполне

житель со струнным устройством кого ты
дразнишь аж в течку впадают койоты
весь этот в крапинку купол не наш
нету полины и радость мираж

плохо нам все-таки в тесной долине
как же мы бедные жили доныне
шершень в штанах в камыше упыри
все эта музыка черт побери

\* \* \*

празеодим и платину скупая
шагала и миро
возьмешь ли в толк о чем скулит слепая
пророчица в метро

лязг турникета зычный рык возницы
столетие на слом
черно в очках но адские глазницы
пылают под стеклом

мы взаперти сюда стучать нечестно
кто выследит нас тут
пусть плесневеют бонды казначейства
и спреды их растут

что гарлемской безумице приснится
чьи очи ночь хранит
пока с людской начинкой колесница
не врезалась в гранит

жизнь избранным нежна и небо немо
под землю им нельзя
срывая смоквы с натюрмортов хема
и устрицы грызя

но ненадолго счастливы и живы
с фламандского холста
поставками входите пассажиры
здесь есть еще места

\* \* \*

с мигалкой олигарх синица мышь ли
все в тень попятятся откуда вышли
согласно лягут особь или раса
в культурный слой восторга и говна
чья жизнь прокрученная без запаса
посмертно всем непрожитым равна

**двойной отпечаток**

с грустным скрипом окажется птица
полетит и вдали прекратится

истечение лет остановка
пульса в синем виске обстановка

в мертвом трюме брегета тревога
на челе у античного бога

сквозь черты безголового бюста
чуть от птиц исчезающих пусто

там где червь отгрызал постепенно
сухожилия от постамента

постоишь примеряя зубило
к месту неба которое было

но как в масло войдет и сетчатка
от двойного черна отпечатка

стекловидное тело без век там
или блин проявитель с дефектом

### попытка контрапункта

почти сказать но тенорок во рту
дрожит на рубеже исчезновенья
просторы в клетках не жильцы почти
во всем сознаться брякнуться к стопам
пока воображенье брезжит стопы
в узорчатых нестираных носках
так обоняню вдумчивость сестра

кто человек и мир мобилизован
в праматери и отчимы ему
из классовых мичуринских личинок
или хотите я вам сполосну
носки как раз горячую пустили
вот здесь похоже петелька сползла
как этот голос о гортань скрежещет

вы скажете душа возможно да
но лучше как вода и даже ртуть
душа скорее газ но в жидкой фазе
стабильнее вот у меня как раз
грибок не тот что запаху исток
а инструмент для мелкого ремонта
или я даже новые куплю
или не скажете душа и славно

бывало вдруг срываешься с гвоздя
стремглав как тайный веймарский советник
за юной со всех корточек пиздой
пока носок во рту благоприятен
с подвязкой вымпельной я лучше вот что
проверещу чтоб подвести черту
кому и вобла снулая праматерь

## сонный паралич

мы с ним сидим на снящемся лугу
без памяти и способа проснуться
там время выгибается в дугу
но невелик соблазн его коснуться
галлюцинация в цвету трава
в купальницах и смолках склон пологий
к ручью и складываются слова
в условия запретных топологий
уму не выкарабкаться туда
в наружный мир где ты моя беда

он говорит что тьма чревата днем
хоть время и континуум но в нем
повсюду тонкие узлы и сгибы
или оно вообще швейцарский сыр
и мы сейчас окружены как рыбы
в болотной мочежине как могли бы
микробы царствовать в одной из дыр
где им в отсутствие секунд не грустно
а то что нам казалось бегом лет
идет в обход отвергнутого русла
на траекторию возврата нет
смотрю себе на прялку паука
и доверять не пробую пока

он говорит но что с него за спрос
он здесь всегда сидел не существуя
на театральном заднике берез
которым сам изобретал листву я
врастая в наважденье с головой
залетный злак на стебельке целинном
или сердечник но не луговой
а медицинский с нитроглицерином
последние вдыхая времена
где наугад судьба искривлена
а прежней можно перестать бояться
чьи к зодиаку с грохотом струятся
титановые сквозь бетон цветы
где ты моя беда
или не ты

\* \* \*

когда-то томас гоббс бросая взгляд
на чертежи и выкладки евклида
дрожал как волк и семеро козлят
теперешняя послабей элита
в ней знание сидит неглубоко
она к природе неблагоговейна
и маятника например фуко
не отличает от бутылки клейна

о дайте мне ученых чертежей
и алгебры какой-нибудь отпетой
хоть голова нужна и посвежей
чуть подпаять и станем думать этой
нам в старости недалеко до звезд
но до финальной формулы не ближе
фуко и клейн с бутылкой не смогли же
хоть фаусту ответ казался прост

\* \* \*

длинные мили
времени мало
остановиться
темные шпили
как энцефало-
грамма сновидца

**зазор**

жаре надлежало легчать
свежеть но жара не ждала указаний
от сбивчивых на ночь надежд и пророчеств
в мартеновском зареве хвост полоскала фазаний
над засранным насмерть подъездом и список в печать
обреченных мученью фамилий и отчеств

планета вся в пламени адских намеков и знаков
где каждое утро проспавшийся был одинаков
с тем навзничь упавшим намедни почти идентичен
но с разницей что узнавали
его в своих злых зеркалах горожане едва ли
пронзая пургу зуботычин
пока в партактивах умы подвергали вреду
и скупо в пазы шпаклевали еду

а свет оставался
тем самым в котором он тронувшись обосновался
слетались в магический круг
лазурные птицы сплывались янтарные рыбы
клубились подземные духи и ангелы тоже могли бы
и были и ели из рук

он им не открыл где в окрестности уха
куда отшумевшие мысли как перья в пенал
в жару леденило касанье подземного духа
и ангела алый укус на ладони пылал

## последняя песня

говорит серебряный волк золотой лисе
контингент к немедленной акции не готов
собрались мол с утра в расщелине но не все
в арьергарде бросили платиновых котов
благосклонны к славному замыслу небеса
десятичные знаки справа от запятой
как один совпали но время в опор лиса
не пускай говорит серебряный золотой
нам в тебе нежданного ниспослал вождя
зодиак но не лучше ли к вечеру погодя

золотая лиса говорит в ответ мы умны
озарило время глаза и зверей зовет
мы срастались по кванту как свет для этой войны
ни единого нерва внутри для других забот
собирали нас по заклятиям ветхих книг
мегатонны в пыль ради каждого в торс винта
а коты не поспеют из тыла начнем без них
пусть узнает мир что за волчья мощь без кота
сладок золота звон и сталь в суставах тверда
всем в атаку на эти мертвые города

и тогда серебряный волк начинает выть
золотая лиса колдовать и со всей высоты
слюдяная из темных галактик тянется нить
и по ней устремляются платиновые коты
здесь безлюдно тысячи тысяч лет но они
изгоняют и память о временах когда
тени тех кто теплил на площадях огни
в страшных песнях славили древние дни вреда
благодать земле отдохнуть от таких теней
только волки всегда и коты и лисы на ней

\* \* \*

наутро с бодуна в кровати
вертя зрачками из угла
а в голове сплошной скарлатти
и ни малейшего ума
реальность сложена из клавиш
k 296
и в смысле смерти не поправишь
ведь это же она и есть
и списка глупостей не жалко
над этим светом на весу
там в глубине была лужайка
она последняя в лесу
телега оси поменяла
то обстоятельство терпя
что в колее сюрпризов мало
она с тобой и без тебя
мир смолкнет и расстаться просто
но если вынести смогу
керкпатрик двести девяносто
шесть фа мажор звенит в мозгу
качает колокол колодкой
покуда из последних миль
всей биографии короткой
скарлатти выбивает пыль

**некрополь**

номера которых больше не набираю
но заметил что с некоторых пор
оставляю выбывших в телефонном списке

здесь вокруг все слишком живое
откуда их вырезала цензура
васильки ромашки несчастная любовь

все кого не успел разлюбить
собраны в маленьком электронном мавзолее
на расстоянии парализованной кнопки

в маунтин-вью мигают светодиоды
сервер мирно пасет единицы и нули
мое кладбище повсюду со мной

вечный покой без побудки 5616682
4259672 ты мне все еще снишься
9883394 не договорили и не поправить

### образец индукции

они вдвоем накат либидо густ
средь шороха лесного
он просит с ним пожаловать под куст
она в ответ ни слова

он обнажит себя до неглиже
одним движеньем резким
пора бы и размножиться уже
но здесь выходит не с кем

хоть трижды будь умен и даровит
но раз не сыскан способ
весь угрожаемый исчезнет вид
чуть заартачься особь

не скажет нам ни дарвин ни кювье
ни сам добжанский дока
кого недосчитались мы в семье
ушедшего до срока

вот так однажды игуанодон
когда сбежала третья
предчувствовал приход глухих времен
беды и лихолетья

палеонтолог будущей страны
меж черепков и бронзы
найдет окаменевшие штаны
но снятые без пользы

## экспликация

и правда ну как он ходил по воде
которой мы в мире не видим нигде
загадка глухих незапамятных дней
вода что мы помним сегодня о ней
она состояла сама из стекла
но если сосуд разбивали текла
с ненастьем с извилистым устьем
она была ртутью допустим

а как он спустился в пространство с креста
которое просто пустые места
какому зиянию выпала честь
пустое порожнему чем предпочесть
наверное плоскость свисавшая вниз
в надежде на горизонтальность абсцисс
и на ординат постоянство
я так себе мыслю пространство

но вот что уж точно уму невдомек
он в небо вознесся как серный дымок
я кажется понял какая вода
но что за нелепое небо тогда
считали что купол висел голубой
но здесь я сынок солидарен с тобой
хоть гвоздь волокно пробивает
но неба потом не бывает

так камень-дитя перед самым концом
беседовал с камнем-отцом

\* \* \*

почему молчат не отвечают
кажется уже не замечают

торс пальпируешь ночами лежа
кости где положено и кожа

только тело не мое а вместо
спит и не выходит из подъезда

в мир где обрекаемое бденью
остается бестелесной тенью

на земле с дебелыми телами
занятыми глупыми делами

пробовал и натиском и лаской
исчезал в их вежливости вязкой

лучше отыщу прохладный холмик
где я бережно лежу покойник

место где они меня зарыли
землю где они меня забыли

\* \* \*

снова облако лапой ландшафт умывает
словно кошка сметану украв
если чувствовал кто что меня не бывает
то наверное не был неправ

чей очкарика в небе сентябрьском невесел
взгляд сквозь пыльные фильтры гардин
лишь одна из брезгливо отвергнутых версий
из кривых вариантов один

но и в задницу миропорядок осенний
на башке набекрень решето
потому что надкушенный в супе сомнений
я и был этот чувствовал кто

подвизаясь в живых современников тоже
в нереальности тупо виня
а других вариантов которые тверже
получается нет у меня

только облачному совпаденью при встрече
повторить до кого не дошло
от фантомных цветковых избавиться легче
настоящего быть не должно

**санитарная миссия**

i
на ваше исх четырнадцать дробь три
вскрывали двух с оглядкой и опрятно
какой там кварц все та же слизь внутри
зашили и пыхтят себе обратно

наружный отчуждается покров
он форму придает разумной луже
как топливо используют коров
хотя неясно чем коровы хуже

все состоят из щупалец и глаз
как из асбеста если бы связали
сюрприз никто из них не видит нас
своими пресловутыми глазами

и ничего кроме себя одних
мы камни бессловесные для них

ii
на ваше исходящее дробь шесть
отвечу с опозданьем и приватно
бесспорно способ размноженья есть
но нам о нем услышать неприятно

а перед тем как приступить к труду
на углеродном волокне постелей
они друг другу в дар несут еду
и половые органы растений

а почему приватно я само
сочувствую их липкости неловкой
вдруг снизошло покуда я спало
над дустовой простой боеголовкой

побудут и исчезнут без вреда
оставьте их кому от них беда

iii
на ваше впрочем номер не найду
пока я здесь лежу одно на свете

мне все мерещится что я в аду
тягучее и мягкое как эти

пока пульсар на рейде не угас
мы властелины всей фотонной пыли
неужто милости не хватит в нас
эксперимент провален и забыли

как жутко ими быть вообрази
когда по горло в лаве и снегу ты
возникшими в помоях и в грязи
живущими от силы полсекунды

в краю где мы уран аргон и ртуть
и всем до фени мелкий млечный путь

iv
один похоже понял и погиб
передовой из штаммов всей заразы
проведал планы мыслящий полип
пришлось таки задействовать заряды

они воображали мир иной
где лопнувшие пузыри блаженны
но мы ведь сами были им виной
поставщики гнилых дрожжей в броженье

вина не гибель вспыхнет и прошла
но ужас участь липкая такая
затеянная в луже без гроша
всесилием кичась и помыкая

исчадьями из щупалец и глаз
я к ним пришел спасителем и спас

## ложная повестка

где луна оставалась одна
ей венера была не видна
где сияла нам кассиопея
словно в анусе черта черно
череп тыкался в ночь свирепея
различить не сумел ничего

не упорствуй во мраке скользя
все равно заблудиться нельзя
чуткой ощупью вплавь на европу
долго хляби скелет уминал
а потом повернули к кедрону
где по графику весь трибунал

ни графина с сукном ни судьи
зря мослы раскидали свои
на слепое светило оскалься
эта участь не горше чем та
только анус вокруг и остался
бога нет и вообще ни черта

оба света мираж но зачем
так скончаться приспичило всем
там хоть птички съедобные пели
чтобы лето с любовью пришло
а скелетик сучил в колыбели
кулачком и агукал смешно

\* \* \*

нет никогда уже не быть жуком
антеннами не проверять погоду
покуда в теле маленьком таком
с утра пульсирует любовь к полету

куницей не соваться из норы
в ветвях не виснуть нитью ариадны
которые хотя к своим добры
детенышам но к белкам беспощадны

или змеей извилистой не стать
чтобы узнать каким манером змеи
внезапный путь прокладывают вспять
одним изящным разворотом шеи

здесь возникаешь кем-нибудь одним
кто заточен в своей беде и порче
пока ликуют бабочки над ним
и бодрые шуруют черви в почве

спроси кирпич он знает что почем
кто жизни обречен таких не лечим
сугубо вниз рожденный кирпичом
летит а ползать некуда и нечем

### возвращение

воротясь из дальних странствий подошел к дому
в ладони память перил в ноздрях сеновала
ветхий в обносках как она выйдет к такому
остыла ли обида раз жизнь миновала
еще в глазах дороги петлистая лента
приник украдкой к стеклу из внешнего мрака
видит сидит у стола беседует с кем-то
ни на год себя прежней не старше однако
тенью к другому окну оправляя саван
ведь это же он сам напротив это сам он

тогда кто же опешив прислонился к вязу
скиталец в конце пути накануне гроба
а у них там любовь как из-под венца сразу
аж светятся от счастья молодые оба
она краше себя самой когда стояла
накануне разлуки свежа как невеста
и который напротив изменился мало
он у себя дома а пришельцу нет места
кто сумеет подлинник отличить от фальши
кому теперь умереть а кому жить дальше

что за блеск сквозь кроны что за вихри в аллее
прочь бы сейчас стремглав но странник к стеклу снова
не поймет эта ли язва саднит сильнее
или та что была когда бросил без слова
вырез до брюшка ворсистая мешковина
семь глаз огнем два передних ярче рубина
двойник через стол переливается ртутью
сперматофор наголо под головогрудью
соглядатая накрыла скорбь как цунами
ой любовь отрава что ж ты делаешь с нами

**полусмерть**

когда приходит полусмерть
в предбаннике шурша
наполовину погрустнеть
обречена душа

зачем у входа ты стоишь
повестку тыча мне
в прикиде сереньком как мышь
и ножик в рукаве

внутри наполовину нет
живущего давно
а полутьма и полусвет
сливаются в одно

душа конечно просто тень
витражное стекло
она взамен дается тем
чье тело истекло

а тело бродит у реки
и полутьмы полно
скаталась полушерсть в комки
в его полупальто

ему следить из-под плиты
за истеченьем дней
когда душа уже не ты
и незачем о ней

## бумеранг

сложили горизонт из кирпича
стянули небо ржавыми болтами
в таком ущелье можно жить крича
как бумеранг вернется крик в гортани

вот жалоба снижается уже
и пассажирам суждена неволя
как будто высаженные в бурже
не дотянув полжизни до де голля

над ними баба голая в плаще
атлантики отстой и панибратства
пора уму и голосу вообще
в подземный мрак желудка перебраться

нагрянет вдруг что мы теперь не те
соловушки на лопнувшей пружине
запроданные в рабство немоте
а месту назначения чужие

мир взят в кольцо и налысо обрит
на стенах оттиски равнины гор ли
все заперты в котле а из орбит
торчком глаза от бумеранга в горле

## долг очевидца

а кто им расскажет какой синевы
с холмов небеса нависали
фактически некому если и вы
о них не расскажете сами

зима очевидца слепила бела
кишащая волком и лосем
весна наступала и осень была
хорошая все-таки осень

я знаю что дальше пространство черно
увечит в зрачке чечевицу
на свете фактически нет ничего
о чем сообщить очевидцу

но тем и важней обитателям тьмы
когда возникают и если
все то чему были свидетели мы
пока мы еще не исчезли

и кто же им бедным расскажет другой
о том как земля вымирала
и млечная пыль выгибалась дугой
над темной каймой минерала

\* \* \*

всей тишины в обрез в ней движешься стремглав
грунт отрывается вот панорама сверху
крылатую свою пришпоришь оседлав
секундную в карьер на циферблате стрелку

нашарим в тумбочке утащим в койку том
монтеня или кто нам сетовал на старость
как обессилел свет или проблема в том
что пожил бы еще но больше не осталось

следить как фолиант струится с простыней
взметая ил со дна где мысли водолазы
спросить который час но быстрый страх сильней
чем свет что смеркнется до истеченья фразы

не впору циферблат для книг такой длины
а помнишь на заре душа была машиной
но воздух обречен в нем на просвет видны
все перфорации стеклянный след мышиный

не сам ли саженцем без страха и вреда
еще не как монтень а с дерзостью кортеса
в ненужном мужестве заглядывал туда
где навсегда обрыв где линия отреза

* * *

я выхожу на улицу они
струятся мимо каждый по своим
придуманным делам они всерьез
себя считают теми кем себе
мерещатся они воображают
друг друга теми же кому другим
пытаются казаться и довольны

себя-то я подкараулю вмиг
сообразил уставить зеркалами
квартиру и следить наверняка
бывают паузы когда притворство
реальности слабеет или сам
себе наймусь в шпионы и на ложном
движении изобличу подлог

я впрочем у себя и без того
под сильным подозреньем но других
попробуй разуверь когда вся ставка
легла на стол и если вся надежда
на то что видимое совпадает
с невидимым а откровенье с правдой
им гибельны такие зеркала

## третий

далеко за сосновым бором
где ночуют барсук и выдра
на пруду и лягушки хором
без бинокля уже не видно
за верблюжьей пустыней тощей
и змеиной мангровой чащей
за пернатой пальмовой рощей
просыпается первый спящий
а точнее не нарисуем
он словами неописуем

исчезают на свете горы
пропадают предметы быта
где созвездий цвели узоры
ночь навеки от них отмыта
тает текст в манускрипте мудром
превращаются буквы в знаки
непосильные мозгу утром
на полях полегают злаки
под ногами плесень и силос
это все ему только снилось

глубоко под земным покровом
в быстрых сернах и ярких лисах
под ковром что служил коровам
пропитаньем а после высох
под кротовьим корявым гротом
в толщах кварца или корунда
что пропахли огненным потом
саламандр и сильфид как будто
шевелится второй на ложе
очевидно проснулся тоже

и тогда пропадает сразу
то что снизу казалось небом
предстает мирозданье глазу
в полном сраме своем нелепом
время пятится и сдается
сердце вязнет в кипящей лаве
слишком мало сна остается
слишком много ненужной яви

догорает на крыльях птица
отчего никому не спится

но пока в городских руинах
в обеззубевших зевах окон
в путах кабельных тросов длинных
невредим из бетона кокон
на стальных изнуренных фермах
там возможен в утробной позе
самый вещий из самых верных
в саркофаге в анабиозе
там мерещится третий спящий
наш единственный настоящий

* * *

жизнь состоит из стульев и столов
мы кошки в нашей небольшой ловушке
а ласки или милости улов
в ней скуден словно милостыня в кружке

в спасительной безвестности пропасть
уйти в цыгане мойвой в море плавать
и милости препоручая власть
внести в реестр пока мигает память

кто или умерли или умрут
чью участь опозорила природа
не требуя за добровольный труд
предметов мебельного обихода

стенать о пяденице и хвоще
о плесени чья пересохла слякоть
ты здесь любил кого-нибудь вообще
тогда ступай и принимайся плакать

о том кому и в полдень свет не бел
кто в толчее вещей ни зги не видит
или так мало милости имел
что милостыней возместить не выйдет

## климатологическое

буревестник дыша перегаром
объяснит неразумным гагарам
что в погоде грядет перелом
хоть на коврике шишкиным вышит
он предвидит грозу и предслышит
в подтвержденье махая крылом

безразличны прогнозы погоды
домоседам бескрылой породы
в каждом телеке нынче своя
пироги в животах и окрошка
а из черепа как из окошка
в мятом чепчике смотрит змея

было время невидимый атом
всем гагарским своим каганатом
доводили они до ума
агрессивным ужам угрожая
побивали рекорд урожая
и марксизма зубрили тома

доедая кровавую пищу
ложкой ерзает коршун по днищу
каннибал этой родины всей
кто навел на отечество немочь
александр нам поведай сергеич
и максимыч открой алексей

спой нам снова о вещем олеге
чтоб он вовремя пал на колени
и змею обезвредил на бис
но вопрос не закрыт философский
и девятый увы айвазовский
над родным каганатом навис

\* \* \*

предметы расставанья и вины
растаявшие вперемешку с теми
которые вполне еще видны
из постепенно обступившей тени

как оставляя детскую с тоской
в углу охапкой мишки и машинки
и в беличьих колесах городской
разгон и юношеские ошибки

все человеческое в бездну здесь
раз под уклон не одолеет гору
пора невозвращения хоть влезь
в былую кожу но тебе не впору

напрасно столько боли намело
барханы от гурона до валдая
и ангелы с клинками наголо
от пут любви сердца освобождая

уже на страже сириус погас
как золушка в подол смахнула брошку
что вам по совести сказать о нас
мы чаще россыпью и понарошку

нам зелень злей едва земная медь
обнажена железо в язвах яда
оно и так должно само стемнеть
дверь от себя и свет гасить не надо

## песнь о премудрой крысе

поговорим о верхе и о низе
о сексе без ехидного смешка
об аполлоне блядь о дионисе
и благодарно о премудрой крысе
которая живет исподтишка

во дни кометы на распутье редком
когда хвощи обгладывал дымок
ей выпал жребий стать всеобщим предком
и секс ей в этом подвиге помог
всем домогательствам идя навстречу
плодила за часами не следя
потомство из которого отмечу
хоть бы того же в частности себя
ее почин способствовал удаче
кипучий разум гены в нас зажгли
лишь крокодилы вывелись иначе
и вши своим путем произошли
но хоть у вшей особая стезя
мы лучше их нас сравнивать нельзя

наш разум оплошал прошляпил шансы
нам участь диплодоков суждена
на биржах европейские финансы
трещат по швам и греции хана
безмозглый рынок из кармана семки
несет ко рту невидимой рукой
но крыса есть она живет в подземке
праматерь общей глупости людской
ей вновь черед плодить не покладая
для вековой традиции пустяк
пусть зеленеет поросль молодая
на наших каменеющих костях
последний свет в подъезде потуши
или еще одна надежда вши

## покой

кто же ты говорит такой
тишина говорю покой

там где финишные флажки
я для каждого наступлю
потому что мне все нужны
потому что я всех люблю
приравняй кончину к врачу
исцелю без ножа и шва

я совсем туда не хочу
я не в эту сторону шла

но тогда ты была живой
а отсюда пути равны
в этом мире который твой
больше нет другой стороны
усомнишься так верь не мне
а покою и тишине

мне без бога твой мир немил
наважденье в уме одно

если бог у тебя и был
он забыл о тебе давно
душам доступа нет к нему
это я на себя приму
всю вину твою и грехи
ну давай говорит греби

* * *

вот кленовый вьется лист
ребрышками к свету
симпатичен да нечист
а другого нету

так и ты поди дитя
русая головка
удивляешься летя
с дерева неловко

неказистый сверху свет
не подмога бденью
здесь от света только след
он зовется тенью

веки нежные сожми
от его укола
уж такой они зажгли
не было другого

## про кота

мы сбились вокруг полевого котла
его опрокинутой бездны
где черное небо сгорело дотла
и звезды ему неизвестны

нам было вдомек что отныне одни
что порознь дороги опасны
и если горели на трассе огни
то слабо и скоро погасли

и каждый задумавшись кто он такой
себе наважденьем казался
в попытке проверки трусливой рукой
обугленной ночи касался

один размечтался что видел кота
хвостатую выдумку божью
но будучи спрошенным где и когда
заплакал над собственной ложью

мы спели бы вместе но все голоса
снесло изнурительным кашлем
такая случилась у нас полоса
ни слова ни голоса в каждом

и кто-то напомнил в припадке стыда
соседям по угольной луже
что так оно с нами случалось всегда
и впредь повторится не хуже

сначала в потемках дурак о своем
коте заведет ахинею
а после мы общую песню споем
и снова не справимся с нею

\* \* \*

собраться и уехать на кулички
и даже не уехать а остаться
на месте где соблюдены привычки
провинности сотрутся и простятся
жизнь обнажить под напряженье тока
где с удрученным черепом табличка
метнуться прочь любить тебя и только
и даже не тебя а безразлично
и даже не любить а плохо помнить
вписать и тотчас вычеркнуть навеки
с твоими безднами какие похоть
таит впотьмах в отдельном человеке

ракообразно время как мокрица
в сегментах с парой симметричных ножек
не уезжать остаться и молиться
о том что и надежды быть не может
сорваться в топот словно слон саванной
лежать мешком как грустный скот в соломе
инфинитив локомотив словарной
статьи или в страдательном залоге
любви которой ты являлась частью
где в кислородной протекла палатке
вся жизнь которая случилась к счастью
но вентиль вправо и сегмент в порядке

\* \* \*

у речки на откосе
у мертвого огня
в горизонтальной позе
они найдут меня

не извлеку из сети
запутанной клешни
не буду знать что эти
уже за мной пришли

расслабив каждый атом
закончу срок земной
когда в поту и с матом
они придут за мной

найдут лишь праха груду
без страха и стыда
кого любил забуду
запомню что всегда

не зная сам и весь ли
я остываю тут
но лишь когда и если
они меня найдут

## декабристы

стемнело вломился тарасов
как лишний фломастер в пенал
он спал на одном из матрасов
а я за столом выпивал

с такой практиканткой приятной
из питера в наши края
свидетелем встречи приватной
тарасов валялся храпя

однажды приезжий из тулы
он прибыл тогда из тавды
а мне полагались отгулы
за наши в надыме труды

беседа провисла и вялость
росла в натюрморте стола
вначале она уклонялась
потом наотрез не дала

и я примостясь очумело
к тарасову думал о том
что любы сопящее тело
укутать бы надо пальтом

мы полночь исправно проспали
когда нас гунявый генсек
за доблесть и выплавку стали
поздравил по радио всех

в редакции больше запасов
не сыщешь лишь снег за окном
храпел на матрасе тарасов
и люба на стуле складном

дремала тогда ее сразу
как в цирке к вольере слона
подвел я к другому матрасу
а то не доперла сама

и медленным чувствам в подмогу
мозги разминая рукой
гадал что за люба ей богу
и кто мне тарасов такой

в свинцовом хмелю неказисты
зачем свою приму куря
сошлись мы втроем декабристы
в прощальном числе декабря

чья полночь свищами висела
свой гной накопив на года
над снежной геенной генсека
где нас разместили тогда

## exegi monumentum

когда-нибудь нам памятник пора
установить на сетуни допустим
как церетели древнего петра
семи морей над их ростральным устьем

из пахнущей сапожным дегтем тьмы
четырехкратным непреложным солнцем
должны потомству воссиять и мы
три мушкетера с пристяжным гасконцем

в порядке полубреда справа я
гандлевский в центре с ношей стеклотары
кенжеев на пути в полутатары
бог синтаксиса слава словаря

и надо всем священный реет прах
в застолье муз наш депутат из ранних
сопровский первый вечности избранник
у матери-отчизны на руках

**палимпсест**

однажды мир который был исчез
в сети координат в ее деленьях
от силы оставался как бы лес
но без животных неба и деревьев

не соловьи совсем или цветы
в том прежнем ради запаха и пенья
но он исчез и в нем исчезла ты
ты в нем жила для нужд исчезновенья

и я в воображаемом лесу
пока навеки не иссякла сила
стал богом и решил что всех спасу
по памяти все воссоздам как было

есть время правды и мое пришло
на результат гляжу едва не плача
как все печально вышло и смешно
лишь соловьи или цветы удача

в повторном мире пасмурнее днем
и тягостней чем ночью было в старом
а что до неба лучше мы о нем
и разговора затевать не станем

нет выхода иначе как терпя
существовать и смерть копить по крошкам
а то что в этом мире нет тебя
быть может знак что не было и в прошлом

в толпе задетый невзначай плечом
теперь от встречных отвожу глаза я
они поймут кого винить и в чем
когда весь мир померкнет исчезая

## дракон пикирующий на сорговое поле

китайские дочери хвост заплетают дракону
мозаика сорго и розги под купол парчи
в еловых колоннах когда бы не все по-другому
в притворной природе то так бы и было почти

ирония в том что вовсю фестиваль звездосбора
и ангел дохнул чтобы в крапинках штамма стекло
кто отбыл позволенный срок под амнистию скоро
на очереди но тогда эти дочери кто

дракон огнедышит неправдой одна объясняла
на сорговом поле в дозоре всмотрясь говори
мы вирус и как же обидно что бог обезьяна
чей беженец бедный рассудок внутри головы

в китае каком ни на есть наступление лета
закон и всемирной истории случай не мать
но если в мозгу воспалится инфекция эта
но так бы и было зачем ему шины менять

одну обусловил в беседке на сердце легко нам
история прелесть обидно что быстро прошла
китайские дочери долго в дозоре с драконом
почти не исчезнут и в шишках еловых башка

* * *

предзакатные птицы в полете
ниткой бус в огневой полосе
для кого так печально поете
и в саду насекомые все

для того мы вверху орнитолог
пешеходный топтатель земли
что полет над полями недолог
эту песню себе завели

страшен коршун и ветер нам жуток
насекомых сквозь слезы едим
кто за песню берется без шуток
не бессмертен но непобедим

шестиногие не отвечают
зареклись вероятно навек
да и вряд ли в упор отличают
кто здесь птица и кто человек

потому что малы габаритом
под корой ненадежна нора
как в гробу распростерты открытом
и с родными проститься пора

## вариация на восточную тему

тотальный жребий ледовит и жуток
в пазы сознанья вдвинут целиком
но воздуха мгновенный промежуток
колеблемый колибри над цветком
прострел возможности сквозящей между
коралловыми створками зимы
вселяет невесомую надежду
вот чем подчас и тешим сердце мы

пусть комплекс наших сведений о лете
апокрифичен и прискорбно мал
лишь он и побуждает жить на свете
решайся если вечность продремал
цветок опровергает жезл тирана
своим существованием одним
парламент красок запаха нирвана
здесь край добра ступай парить над ним

я может быть когда едва не мимо
нацелился в гортани ком терпя
подозревал что все же поправима
всеобщая беда небытия
горизонталь прокол в пределы ада
прямее траектория в груди
жизнь оттепель уже лежать не надо
возьми постель в охапку и ходи

**песня желтых повязок**

после смерти лун-ди в столице засел дун чжо
и не тратил ума на прелести и прикрасы
в окровавленной памяти долго еще свежо
как они шао-ди волокли крюками с террасы
ни оплакать стихами труп ни на гроб доски
разодрали как тигры отечество на куски

полуотпрыск кастрата нами владел потом
перед кем навытяжку стаи вельмож в лояне
чудеса каллиграфии нам вытворял кнутом
и тела на помостах без счета стелил слоями
человечьей свининой обильно красил столы
только вскорости сгинул и сам у красной скалы

мы ославим его злодеем из страшных снов
конкубин повыгоним вон пощекочем жен вам
не забудем ни этих поступков ни этих слов
разрисуем навек ваше синее небо желтым
мы еще положим последние жизни чтоб
извести охочих до наших глоток и жоп

мы покамест гнием в могилах и жар в груди
остывает веками но пламенем полнится чаша
на престол насрать и дело не в шао-ди
мы столицу вернем и страну которая наша
и ни стона тогда из уст ни в глазу слезы
развернуть знамена
ей гряди лао-цзы

**встреча в пути**

однажды в бобруйск улетая
в париже я ждал багажа
и белая лось молодая
ко мне в аэропорту подошла

познакомиться видно хотела
так плавно прошла через зал
как будто сам альма-тадема
с натуры ее написал

в ответ же на кучу вопросов
легко объяснила сама
что она аналитический философ
а не то что я думал сперва

и в северном дальнем бобруйске
под сенью научных палат
намерена сделать по-русски
по эпистемологии доклад

там зимы метельны и мглисты
но база науки тверда
в связи с чем все специалисты
съезжаются срочно туда

она шевелила ушами
и так мне была дорога
вот только ужасно мешали
ветвистые эти рога

я твердое дал обещанье
хранить ее образ везде
я даже купил на прощанье
то ли хеннеси то ли курвуазье

пропала и нету в помине
однажды всего удалось
боюсь что не встречу отныне
другую похожую лось

я всяким совался под окна
у самого бегемоты в роду
но лоси что этой подобна
уже никогда не найду

пусть жизни маршрут моей долог
пусть мчатся как мухи года
прекрасная эпистемолог
не забуду тебя никогда

## cyberiada

однажды трурль и клапауций
стальной решимости сердца
устав от войн и революций
изобрели себе творца
решили видимо немного
пожить на свете без проблем
воздвигли над вселенной бога
и это был станислав лем

он стал с тех пор за все в ответе
за творчество и вещество
и люди взрослые и дети
признали автором его
но будучи белковым телом
которому сосчитан срок
хоть вовсе смерти не хотел он
но избежать ее не смог

еще в часах бегут минуты
но жизнь полна печальных дыр
субстанции и атрибуты
шеренгой покидают мир
и очень скоро вся натура
издохнет лапами скребя
проснешься например наутро
и не отыщешь в ней себя

где клапауций с трурлем тщетным
не существуют как и мы
в природе утешенья нет нам
напрасны гордые умы
оглянешься пространство немо
и время корчится в пыли
совсем не надо было лема
мы зря его изобрели

### разрыв

он долго жил но стержень в нем погас
и под конец когда сошла былая
молва не помнил за кого из нас
он прежде принимал себя пылая
забыл кого из нас считал собой
когда самих почти следы простыли
оставшись в темноте пускай рябой
от редких дыр с их звездами простыми
еще надеждой тешили врачи
но для слепых с кем свет искал сквитаться
он больше не был той свечой в ночи
на чей огонь имело смысл слетаться

есть только эти мы каких-нибудь
других нельзя и как из плена игорь
единственный искал на волю путь
ему из нас остался узкий выбор
из связки извлеченное звено
исконной славы копия сырая
он жил когда все сгинули давно
с оригиналом сходства не сверяя
но неспособный ни к какой иной
телесной форме к плавникам и перьям
и если был как уверяли мной
мне от него верней отречься первым

**советы юношеству**

завидев льва достань складной аршин
измерь добычу от ноздрей до зада
и если лев окажется большим
ступай домой оно тебе не надо

или допустим изловив слона
попробуй приподнять его от пола
ведь если слон тебя положит на
лопатки ты не дашь ему отпора

вот диплодок играет под седлом
в нем уйма мышц и бешеное сало
но с диплодоком связываться в лом
чихнет разок и седока не стало

лишь с небольшими искренне дружи
чтоб невзначай не схлопотать по роже
с изящной цаплей с сусликом во ржи
и с тараканом он хороший тоже

тут у меня как раз живет один
я расспросил его зовут наташа
за плюшками и чаем посидим
обнимемся и жизнь в ажуре наша

\* \* \*

нектар таскали и пыльцу
сквозь сотни трудных миль
но время подошло к концу
пора валиться в пыль
ум посерьезнее чем мой
велит свернуть дела
зачем тогда я был пчелой
зачем была пчела

ум посерьезнее чем мой
идеей обуян
что жизнь была один сплошной
оптический обман
что уж мираж в густом хвоще
и аист и вода
и никакой пчелой вообще
я не был никогда

а я уже лежу в пыли
и возразить нельзя
но все-таки цветы цвели
их хватит за глаза
все лето в толчее речной
я трогать их любил
вот почему я был пчелой
вот почему я был

## баллада канатчиковой дачи

внезапно он впал в непонятки
и был на лечение взят
в приют где крутые порядки
лет может быть сорок назад

сестра выдавала таблетки
для восстановления сил
хранил их в бумажной салфетке
и новых исправно просил

в палате лежали больные
от жутких видений крича
с уколами в жопах иные
и не было к двери ключа

психический с фиксой в оскале
сновал среди коек как рысь
а к будке во двор не пускали
друзьям позвонить и спастись

тогда он решил притвориться
нормальным как эти врачи
нащупав где вроде граница
рассудка светилась в ночи

и мир показался понятным
известным как меньшее зло
с жестоким режимом палатным
расстаться ему повезло

он вырвался заживо с дачи
где дух у иллюзий в плену
а может все было иначе
и только казалось ему

что прежняя жизнь продолжалась
что осени краски пестры
и лишь мимолетная жалость
мелькнула в глазах у сестры

когда в простыне выносили
впотьмах санитары труда
чтоб в бедную землю россии
зарыть и забыть навсегда

где так и лежит он ненужный
свою отстояв правоту
и лес полыхает наружный
как фикса у психа во рту

## сафари

приспичило секретарю райкома
предначертать чинов начальства в честь
с мотыгами сафари на дракона
а что у нас еще в хозяйстве есть

драконы эти если не соврали
дают на экспорт уникальный мех
ну и пошли а кто такой сафари
не знал пожалуй ни один из всех

начальство чутко ехало на джипе
в пожарных касках с ханкой в багаже
которую глотками небольшими
успело и попробовать уже

бежим в строю штаны мокры от пота
трусцой поодаль мой напарник лю
у нас в селе случается охота
на крыс а на дракона не люблю

он состоял из пламени и эха
огромный как великая стена
хрен из такого понащиплешь меха
из тигра проще или из слона

запас любви к отечеству кончался
уже штаны от мужества черны
он покосился вдруг на джип начальства
и чуть дохнул на высшие чины

по счастью партбилеты уцелели
в музее под стеклом по одному
драконы да в своем искусны деле
а кто такой сафари не пойму

мы сеем сорго с лю и землю пашем
опять на крыс охотимся как встарь
лишь о секретаре всплакнули нашем
хороший был не жадный секретарь

**отпуск**

прощай отряд приматов тип chordata
к финалу мчится вольница твоя
у каждого кончается ребята
веселый отпуск из небытия

и примеряясь к несуществованью
внезапно вспомнишь тени и тела
в крутых баранках голову баранью
твоя почти такая же была

пусть флагманом ни типа ни отряда
сыгравшего в саванне пастораль
не выбирали но и то отрада
что хоть в строю на фланге постоял

скитавшимся в росе перед рассветом
ронявшим с лодки в сумерки весло
уже не быть но рассказать об этом
другим кому пока не повезло

**пункт назначения**

подлетаем на автопилоте
на часах меняя времена
никакого ахтунга в природе
только чуть качается она

под шасси астральными телами
тишина встречая взорвалась
полоса где испокон теряли
высоту прибывшие до нас

точность места наступленье мига
из рассудка россыпью как ртуть
кажется в руках дремала книга
но теперь потеряна забудь

впредь не отличу от света тень я
в плотный ноль сольются полюса
в тысячах свечей поминовенья
вся посадочная полоса

\* \* \*

временного отрезка аренда
коротка и отчетлив сигнал
а не то бы любил без расфренда
а не в ленту лениво ссылал

после нас остаются на свете
не массивные бивни слона
в пустоте социальные сети
где за все отвечают слова

мы висим в них как мертвые рыбы
гребешком растопырив костяк
кабы не были немы могли бы
серебриться у славы в гостях

вот и вся напоследок харизма
ночь повадится шашкой глуша
и финальный урок дарвинизма
получает в фейсбуке душа

преградившая русло плотина
нам управа на прихоть и прыть
только жаль что любви не хватило
весь рентгеновский ужас прикрыть

## укрощение вещей

он ей сказал графиня вы мертвы
но собеседница уже летела
стремглав сквозь виртуальные миры
отринув прочь балласт души и тела

со всем твореньем в статусе войны
он называл неважно вслух в уме ли
по именам предметы и они
послушно пропадали как умели

но оставалось зеркало к нему
он шагом марш зрачки нацелил резче
и видит в амальгаме как в дыму
графиню и свои другие вещи

он с ненавистью оплевал стекло
сложил привычные фонемы в слово
и зеркало исчезло как могло
повременило и возникло снова

и не подвластный тлену и греху
ласкал мозги не достигая низа
астральный шлейф графини наверху
или она вообще была маркиза

тогда в последней ярости скребя
орбиты глаз и натюрморт картины
он сам назвал по имени себя
и весь исчез а вещи невредимы

**спиди**

временами ко мне приходила живая мышь
настоящая в что ни на есть натуральном виде
я на мышь не роптал и не топал ногой а лишь
потакал баловству и придумал ей имя спиди

но кормить не кормил потому что тогда бы она
всю родню до троюродной в дом а дохода мало
у мышей что ни жизнь то тяжелые времена
никакому диккенсу в страшном сне не бывало

я остался в сторонке хотя и не гнал взашей
избегал поощрять беготню и другие трюки
тут ведь как рассуждаешь кто сотворил мышей
пусть о них и печется а сам умываешь руки

но печется вполсилы откуда и брешь в строю
чья-то мелкая участь опять обернулась шуткой
погулял по соседним квартирам хотя в свою
не пустил крысобой с арсеналом отравы жуткой

с той поры эта спиди не ходит уже ко мне
поголовье белок с пожарной лестницы реже
и шелковицы прежней не вижу теперь в окне
только жестче земля а звезды на небе те же

пустяки все равно бы она умерла и так
не одна же ей богу утрата на всю планету
даже если и сыра ей не купил на пятак
а пятак потерялся искать интереса нету

**свидание**

спи раз оно само спится спешить не будем
в лунном компосте в заре в золотой мякине
можно кольцом правило и обратно к людям
давно их правда не видел забыл какие
лица здесь сбривают на входе пункт обряда
люди как люди забыл и жалеть не надо

нас разливали по формам в угольном дыме
нас извергала наружу звездная домна
люди может я тоже был однажды ими
или не был это же так неудобно
лучше еще поскулю над тобой немного
тут мне мохнато и очень четвероного

помнишь ли кто ты была и как тебя звали
с кем ночевала в какой изощрялась позе
тоже и с этим с которым на сеновале
я и нашел а сюда закопали после
осень и осы пожитки пакуют в соты
я из последних кто здесь вспоминает кто ты

ладно хоть сторож сегодня в отруб без стука
падок до зелья бесхвостый пердун порою
слушай потерпишь вон симпатичная сука
есть в батарейке заряд побегу покрою
прошлое кость надкуси да не суй в карман ты
спи разве есть у тебя теперь варианты

* * *

когда-нибудь я вспомню все что знал
и все что вспомню рассую по полкам
и даже тем чего не вспомню толком
набью до люстр библиотечный зал

пусть служит мне последняя своя
просторная хоть и на склоне века
александрийская библиотека
где все из бывшей памяти слова

не упущу в реестре ни одно
из прежних лиц что радовали око
но горько будет мне и одиноко
глядеть в библиотечное окно

под визги сверл и циркулярных пил
сквозь стеллажей ажурные границы
от неудачи в поисках страницы
где было про тебя но я забыл

## откровение

повадились переставлять слова
в мозаике словесной
чтоб возникала истина сама
из их игры совместной

как афродита в греческом бреду
на лезвии обмылок
или годзилла миру на беду
из ядерных опилок

не языком заделывать изъян
где правда ослепила
машинописной своре обезьян
соавторов шекспира

мы были в глину глупую плевком
в укор слонам и людям
кого из них теперь любить и в ком
души не чаять будем

скрижали по неровной букве в год
чей бог подошвы вытер
и задними конечностями бьет
по клавишам без литер

## утрата симметрии

приснилось зеркало но сам я в нем не сплю
мне даже невдомек что вот лежу и вижу
себя во сне глаза распахнуты вовсю
с той стороны стекла сквозь жир его и жижу

добро бы зависть в нем мерещилась к тому
кто глупым первенством предпочитал кичиться
но отраженному не втолковать уму
чем подлинней в стекле ребро или ключица

и что за фишка явь когда чугунным сном
объят оригинал от копии отлично
а зеркало во сне и призрак бдящий в нем
к моей реальности не пригнан симметрично

уже всерьез боюсь что встану и уйду
не тот который сплю а тот который видит
меня в стеклянный лес попавшего в бреду
откуда из двоих один на волю выйдет

открыл бы кажется уже глаза но свет
скребет пустой зрачок и огибает тело
а наяву нигде оригинала нет
там смерклось зеркало и время опустело

\* \* \*

за ближним востоком есть дальний восток
там был в старину император жесток
из жителей жег смоляные огни
чтоб ночь со стены освещали они
а днем подмываемый ленью
был слаб к соловьиному пенью

за ближним востоком есть дальний восток
там новые сутки пускают росток
давно император вмурован в скалу
но в чанах начальники месят смолу
вперяя чиновные очи
в чертог наступающей ночи

за ближним востоком есть дальний восток
там птица садится на шаткий шесток
там ходят у самой рассветной каймы
примерно такие же люди как мы
по каменным стенам и башням
огнем полыхая всегдашним

## тиресий

он удержался от высоких фраз
и выразился сдержанно и скупо
когда свой собственный увидел глаз
глядящим нагло из тарелки супа
еще не то случается порой
в иной корчме в обеденную пору
с биточками он проглотил второй
и весь открылся внутреннему взору
представ себе в изаночной красе
без якоря на бурных водах буем
он понял что субъект неописуем
и перестал писать а жил как все

быть может это был теперь не он
слепец скулящий в придорожной нише
но стала суть прозрачна как нейлон
на чьих-нибудь шальных ногах и выше
орбиты упирая в небеса
стрелял заплесневелые коврижки
и слыл в округе мудрым как лиса
но был молчун и виртуоз отрыжки
лишь за амбаром переждав дождя
блокаду где кругом коровьи слитки
он представал самим собой без скидки
прозревшим задом звезды обводя

**каплан**

в овраге катаракт в краю поганом
где камни на сочувствие скупы
полуслепая женщина с наганом
лицом к лицу с немилостью судьбы

ну дурь курила бы или хромала
а то глазным изъяном подвела
кто ей диоптрий отслюнил так мало
что целясь в зло она не видит зла

и будущее алыми волнами
толпу смывает с пирса как котят
судьба одержит верх что будет с нами
хоть с тем же мной когда меня родят

в стране где вся навыворот плерома
под сажей божий промысел угас
история на месте перелома
срослась но кости вдребезги у нас

плеснешь в стакан но утешенье мнимо
и вымучен зовущий к бунту стих
на стогнах где всегда стреляют мимо
очкарики поводыри слепых

## элегия на приход ночи

все вповалку и в храп понемножку
под калиновым в поле кустом
тракторист проглотивший гармошку
спит с гофрированным животом
в городах где свирепствует разум
чтобы ртуть в капиллярах текла
гальваническим екая глазом
прокурор подшивает дела
желтопузая жаба в болоте
убеждает что жизнь хороша
отчего вы неправду поете
земноводные нам кореша

ночь нежна но в юдоли угрюмой
на излете людской суеты
наливай понемногу и думай
кто ты есть и зачем себе ты
в поймах рек и в ландшафте гористом
рассуждай пропуская сто грамм
для чего прокурор с трактористом
увенчали творения храм
кто завел для забавы скотина
человека в очках и пчелу
а теперь словно дня не хватило
эта ночь эта немочь к чему

## имена

для простоты он поступил ребенком
в одну семью и тем закрыл вопрос
поскольку ничего не смыслил в тонком
регламенте а ел себе и рос
и приживаясь в их белковом мире
как будто в пазле складывал куски
знал например что дважды два четыре
но в школе ошибался у доски
составил опись бабочкам и птицам
учил язык и точно применял
и приглядевшись к их двуглазым лицам
мать за отца уже не принимал

он выдюжил лиха беда начало
где прежних жребий ожидал иной
но что его от местных отличало
так это страсть к скитаньям под луной
беседуя с созвездиями немо
личину прочь пока спала семья
он мог легко ночную карту неба
нарисовать он знал ее всегда
светясь как фосфор где ключей и речек
журчание до утренних лучей
он смутно понимал что он разведчик
и резидент но плохо помнил чей

но после школы воротясь к обеду
сдвигая ложной личности слои
шифровки отправлял на андромеду
своим хоть и не помнил кто свои
худющий в вечных ссадинах на коже
лет десять но на вид и тех не дашь
как жаль его он был ребенком все же
мы были все уверены что наш
а на борту в их орудийном зале
пока всерьез не вспыхнула война
все призраки уже прекрасно знали
птиц и цветов чужие имена

## quatuor pour la fin du temps

где два зрачка сияют неслиянно
в стекле пересыхающих морей
сыграют напоследок мессиана
герои бедной родины моей

предел осточертевшему кочевью
но перед ним смычком поправив лист
рассядется медведь с виолончелью
и чем тебе козел не кларнетист
занять партер потянутся бараны
отборные из лагерной охраны
изыскан вкус в ком голова тверда
в последний раз проблеемся тогда

звезде в зенит и вертухаю с вышки
осел копытной дробью на фоно
скрипичное страдание мартышки
в последний раз страдается оно
в дорогу доза музыки полезной
вороний грай на очной ставке с бездной
свиданье в топке с пламенным лазо
дрозды в зубах d'abîme des oiseaux

жмуры горой в гробах и с гимном в припять
друзья-мутанты постсоветских лет
мы с ними кой-чего успели выпить
но похмелиться дня в запасе нет
не встать на суд из-под креста кривого
медведь работы дедушки крылова
мохнато в струнной трудится семье
и pussy riot в пляс на солее

**смерть на марсе**

становятся сумерки строже
сильнее сияет луна
она и в аркадии тоже
но есть ли на марсе она

ученые люди из nasa
уверены где-то на треть
что жизнь на поверхности марса
способна как мы умереть

а если неправильно в насе
научный придумали вклад
то есть у сатурна в запасе
такая луна энцелад

равнина ее ледяная
под ней залегает вода
и устали снова не зная
мы зонды отправим туда

там нет стрекозы или гризли
родных человеку зверей
все это не поиски жизни
а происки смерти скорей

науке привиделись чтобы
в просторах космической тьмы
великой печали микробы
которые смертны как мы

## боярышник

пускай казарма замолчит на миг вся
и голосами ясными с утра
споем ребята о бозоне хиггса
о моли стерегущей свитера

или отвертку наждаком заточим
в устройстве мира выправим изъян
всю землю на хуй отдадим рабочим
а фабрики оставим для крестьян

ах мон ами романтики не мы ли
сердечко вскачь и оторопь берет
оттопали за синей птичкой мили
пока в гробы не уложил черед

а то ведь помнишь иваси настойка
боярышника юности симптом
но я мон шер скончался не настолько
чтоб черви строем в черепе пустом

он слыл устройством для ношенья шляпы
во рту гостила песня и еда
но фабрики мышам летучим в лапы
ежам и лисам землю навсегда

спит на столах порожняя посуда
еще посветит солнце до восьми
и будет мрак где точит моль-паскуда
отечество и мы лежим костьми

тот хмурый край где жизнь была сиротка
и потому финал ее фантом
лишь крепче спирт да солоней селедка
и весь в цвету боярышник потом

**зайчик**

вот зайчика жалко его укусила змея
когда он на цыпочках куст объедал до цветочка
теперь ему лапу пожать солидарно нельзя
мы все существуем а зайчик в могиле и точка

ты скажешь читатель что зайчика я изобрел
солгал и гадюка притянута за уши даже
корова свой клевер грызет и в зените орел
порхает а зайчика нет изначально в пейзаже

змея мне не друг закадычный и зайчик не зять
зачем бы я стал продвигать их родство или свойство
а сам-то читатель ты кто с позволенья сказать
чтоб мне диктовать из партера природы устройство

вот гул затихает и я на подмостках стою
на тыкве следы косяка зарастут понемногу
читатель исчез изложив мне платформу свою
но зайчика жальче с него я и начал эклогу

пушистый на ощупь он был и приятный на вид
но слишком хорош для недоброго мира и нате
и только змея нога за ногу в кресле сидит
и уши в прожилках ее розовеют в закате

## кораблик

вода стекловидна и вечер пригож
кораблик кораблик куда ты плывешь

на стыке стихий полыхает заря
кораблик безмолвен и мчит почем зря

тогда во второй поупорствуем раз
куда ты кораблик несешься от нас

ответа не слышно и третий тогда
отчаянный оклик кораблик куда

и молвит кораблик вы мелете вздор
я очень простой деревянный прибор

не надобно право большого ума
чтоб выяснить быстро где нос и корма

всегда направленье по курсу где нос
и это ответ на ваш глупый вопрос

ответил и мы бестолково стоим
мозгами крутя над вопросом своим

что если секрета действительно нет
и это единственный верный ответ

**возмездие**

развеет ветер облака нам
и станет ясно
здесь хорошо быть тараканом
хотя опасно

заесть раздавленной ириской
гнилую грушу
от катастрофы от кембрийской
сбежав на сушу

авось и впредь не околеем
везде подарки
хоть сорок дней питайся клеем
с почтовой марки

спасибо вам из недр стакана
благие боги
что все усаты постоянно
и шестиноги

а подлым ползающим вяло
живым доныне
настанет время трибунала
в одной долине

объявят им огонь и трубы
в вердикте устном
за то что нас топтали грубо
морили дустом

проставят всех в последнем списке
споем и спляшем
а марки или там ириски
оставят нашим

вся их молва тогда теперь ли
поклеп на нас но
мы честно жили и терпели
и не напрасно

**кони**

над речкой стояла изба кузнеца
под копотью плотной и потом
никто различить не пытался лица
мы знали по грохоту кто там
страшней колдуна и кощея худей
он плуги прямил обувал лошадей
как ворон кувалда летала
под черную песню металла

ночные куранты над скудным жнивьем
в ноябрьской предательской жиже
мы слушать к плетню приходили втроем
ни порознь не смея ни ближе
там пламя ночами пылало года
и если он спал мы не знали когда
гремела печаль вековая
всю правду из недр выбивая

но только однажды он лег на кровать
покорной сказав половине
что больше коней не намерен ковать
что кони свободны отныне
и мы прибежав с ежедневным огнем
лицо человека открыли на нем
нездешним отмытое светом
мы вскоре окажемся все там

наутро сказала что будет ничья
и сгинула как не бывала
соперника вскоре нашли у ручья
украдкой родня отпевала
не мой ли черед позабросив дела
куда эта песня упрямо вела
где кони без шрамов на коже
свободны и всадники тоже

\* \* \*

ни слова о неправедном суде
такой исход подозревал не зря ты
о совести о чести о стыде
теперь слова из языка изъяты

тем более ни строчки о стране
пластом до океана и обратно
приговоренной отмывать в говне
налипшей крови вековые пятна

нам в справочнике отведут графу
о зоне смерти в полосе подзола
поскольку у истории в шкафу
не остается средства от позора

ей похуй и заказан вход сюда
в вольер жестоковыйных и неправых
где мы скрываем лица от стыда
в примерзших к мертвой коже балаклавах

*17.08.12*

\* \* \*

если б времени на свете
было вдоволь трать не трать
а кузнечики и дети
перестали умирать

если б время не летело
как в луче паучья нить
на любое плюнув дело
мог бы с ним повременить

но не выклянчить отсрочки
точен анкерный отсчет
как вино из битой бочки
прочь вселенная течет

смерть стремительная птица
в ночь прокладывает путь
надо очень торопиться
надо сделать что-нибудь

**ОКНО**

в произвольном окне зажигается свет
пешеход запустивший монету
замирает но чуда внезапного нет
он и правда любил но не эту

как попало одет неказист небогат
а квартира поди угловая
и монету которой в окно наугад
он вначале берег для трамвая

он растерян но стекла хотя бы целы
память всмятку с минувшего года
не дадут в угловой настоящей цены
за ошибку в душе пешехода

почему же тогда не отходит она
занавеску в ладони сминая
но упорно вслепую глядит из окна
очевидно ошибка двойная

или ложная память в карьер по пятам
под сиянием диска серпа ли
ночь в которую оба искали не там
и в совместной ошибке совпали

пусть стекло где не всякий вчерашнему мил
на лету опрокинет монету
на орла он когда-то не эту любил
или просто не ту а не эту

* * *

там ящерицы в точности как мы
встречать своих сбегаются к воротам
и вечности песчаные холмы
усеяны их маленьким народом

в стеклянных подземельях города
припомнит кто без счета проходил их
и монументы ящерицы да
на бронзовых по росту крокодилах

здесь время ветер но и он притих
из глаз и спин мозаика на мили
припоминай в слезах как мы любили
в каком-то из стеклянных из таких

молва и слава медные гроши
где голова за каждый хвост в ответе
и мы с тобой на свадебном портрете
не чудо ли как оба хороши

## xix

еще девятнадцать в колонке века
двадцатый в пустую не вписан пока

хрустальные звезды в арденнах видны
и не было этой проклятой войны

в одессе акация не отцвела
весь дрезден в заре хиросима цела

со временем кафка напишет роман
о жизни где видимость все и обман

потом нам платонов расскажет о том
что цель пролетарского рая фантом

но здесь мы еще не предупреждены
и наши любимые не рождены

под линцем убийца пока не подрос
есть время задать неизбежный вопрос

так небо светло и прозрачна вода
зачем же все это случится тогда

## гиббон

гораздо в империи тише
оружию смена кайло
написано сим победиши
осталось придумать кого
наследника криспа двенадцати лет
фауста в парной угорела и нет
весь род извела до колена
по слухам маманя елена

но ереси лапы когтисты
над ветхой тарпейской скалой
повержены в прах донатисты
и арию жало долой
другую столицу под знаком креста
он скоро построит он знает места
где море змеится на мили
подальше от западной гнили

вот смерть наступает скотина
угрюмый начальник всего
снимают рабы с константина
багряную робу его
он мчится весь в белом спокоен и свят
где все остальные покойники спят
в гробах словно мичманы в шлюпках
без мыслей о прежних поступках

в иссохшем венце из укропа
как та антигона точь в точь
рыдает над римом европа
империи бывшая дочь
у местных ума ни в едином глазу
заботливо пользует пастырь козу
у ростр где тоскливо и пусто
назвав ее скажем августа

я часто читаю гиббона
открою и диву даюсь
неужто вот так же без стона
падет синеокая русь

ночами повадится гикать сова
где высился спас-на-бассейне-москва
и житель лишившийся пары
августу сведет под амбары

## элегия с башней и птицей

вообще-то с утра обещали
вещая из нескольких мест
что лето вернется с вещами
но близок повторный арест

однако и этот короткий
возврат не прошел на ура
с порога забрали в колодки
неправду сказали с утра

в окно словно в прорезь колодца
взирая на бег бытия
я верил что лето вернется
напрасно надеялся я

там небо с впечатанной башней
колдует зеницы слезя
нам даже на вечер вчерашний
надеяться больше нельзя

последняя птица в потемках
наотмашь ища где светло
как тщетная память в потомках
влетает в ночное стекло

последний к знобящему вязу
глазами визит обходной
и лета не жалко ни разу
за вычетом птицы одной

зрачку безразлична преграда
под наст и в забвение впасть
где даже прогноза неправда
всей истины точная часть

## смерть бахметьева

в последнюю декаду декабря
бахметьев умерев или умря
уютно тлел в положенной могиле
злокачественный рак его убил
не то чтобы он позу полюбил
но прежние досуги не манили

бахметьев мог бы вспомнить будь он жив
останки в гроб еще не уложив
о росте цен и брошенной квартире
а житель бестолковый аноним
роился на поверхности над ним
где эти цены плача но платили

бахметьев был не он и не она
и разве есть у мертвых имена
из организма собственного вынут
он мог бы вспомнить как там дочь и зять
и свой диагноз захотеть узнать
но мертвые диагноза не имут

так рассуждал бы он под шум дерев
умря или возможно умерев
когда бы тот язык который слово
отныне мозгу не был незнаком
совместно с тем телесным языком
который сгнив не отрастает снова

он истлевал и честно был никем
не ел паштет не пил шато д'икем
ни ангелов ни стиксовой ехидны
он не страдал свой винстон не куря
в последнюю декаду декабря
в стране где декабри неочевидны

любимая взгляни вот так и мы
внутри имея чувства и умы
уляжемся со следующей группой
не шевеля конечностями рук
и будем впредь ни дерево ни жук
ни даже анонимный житель глупый

## элегия о раковине

мы собирали раковины на
жемчужном побережье океана
из них мое внимание одна
изяществом сугубым приковала

я знал что в ней существовал червяк
он по линнею был моллюском то есть
но сдох и лучше так как он чем так
как мы закончить жизненную повесть

я грустно осмотрел свои штаны
и выразился на чистейшем русском
сообразив что судьбы не равны
и в ящик веселей сыграть моллюском

поскольку в светлом будущем никто
в своем уме палеонтолог даже
не примется в песке искать пальто
не станет собирать штанов на пляже

пусть червяка не вспомнит ни один
но кто несокрушимую как атом
обдует и положит на камин
подержанную челюсть с имплантатом

ты скажешь селяви но лучше б ты
молчала в тряпочку наступит утро
ни геометрии ни перламутра
от нашей не останется тщеты

## четвертая причина

тиран в гробу и велено ему
в непросвещенную убраться тьму
и сборы коротки и срок недолог
береговые искры слепнут вслед
тьма состоит из тысячи иголок
которыми прокалывают свет

он все постиг что было под луной
но человеческая жизнь длиной
в три четверти желанной и трирема
уносит отселенного вперед
живым потомкам в качестве примера
на остров на котором он умрет

он плохо наставлял и сам виной
что должен вслед тирану в мир иной
у каждого объекта по четыре
причины но конечная одна
допустим если первая в стагире
четвертая эвбея и хана

он все что понимал облек в слова
и в сумерки как вещая сова
срывается над челюстями шторма
перетирающими в прах тела
у тела есть материя и форма
но есть предел где форма подвела

уже заря на горизонт легла
последняя посмертная игла
баланс подбила с бесполезным светом
его из дыр не выманить опять
он полагал что в силах все понять
но больше он не думает об этом

**заклинание музы**

а если забыла
на всякий резон паритетного злюку зоила
вокзальных сортиров страну
где в цирке гурьбой присягали слону
позволь ненавязчиво снова об этом
ноябрь после выпуска сорок восьмой
с тем пепельным светом
каморку бок о бок на тумбочке пушкин и гашек
у лобного места шеренгу стальных чебурашек
о муза воспой

мне в русло сливать не с руки
где речь протекла неопрятно
в астапове снова с утра свирепеют сурки
из дюз февраля но в испуге стремятся обратно
и опрометь пращуров русских в саванне
тевтонскими славить словами
не след а своих не протиснешь в гортань
но раз позабыла отстань
но если не вспомнишь подробности в гриме
поземки ментовку в коврове ночлег в костроме
одетыми в снег языками двойными
гурьба присягает зиме

мы солганы сном
как мнимые стейки в советском отделе мясном
сатурну в котомку сыновнее тельце
напой напоследок старуха о тульском умельце
как ружья престол инструктировал чистить в конце
но карлик сатурн в чемпионском трофейном кольце
и вещий боян припадает к заветному литру
впритык к моему ноябрю
ну что же ты сука сними себе с гвоздика цитру
воспой говорю

**анально-ретентивный вальс**

угрожают что жизнь не подарок
что повсюду господствует зло
а ведь в сущности полный порядок
ретентивно-анальненько все

после первоначального взрыва
в тот священный критический раз
был ведь риск что получится криво
а не ровно как видим сейчас

там где мы и другие микробы
деликатно шагаем в строю
все печально сложиться могло бы
и судьбу бы ругали свою

как огурчик вселенная пышет
после многих попыток и проб
на хоругвях естественно вышит
в светлом нимбе верховный микроб

он дары позволяет природы
остальным собирать по лесам
а простые углеводороды
потребляет фактически сам

чтобы свет из фотонов не вытек
чтобы высились звезд этажи
атом к атому к гаечке винтик
вот зарыли тебя и лежи

в долгий ящик пускаясь на бричке
вечный табель пробив в проходной
вспоминай как дрожали реснички
у прелестной бациллы одной

жизнь была положительной драмой
бюст вздымался и зад был упруг
так зачем же твой сфинктер упрямый
так тревожно сжимается друг

\* \* \*

я был тогда живое существо
но прекратил им быть и что с того

предметы в руки брал и клал назад
рукам теперь предметы не грозят

все целое чему ничто не часть
что значит жить и брать и снова класть

а если целого на свете нет
я может быть и сам теперь предмет

и каждый у кого цела рука
имеет право взять меня пока

и положить и сплюнуть и уйти
чтоб тлен с ладони пемзой отскрести

а я ведь не хотел ему вреда
я только дым я камень я вода

* * *

а васильки говорит чем они лучше ромашек
чувствуя тайный подвох я отвечаю ничем

снова она за свое почему не летают лягушки
или вот память куда прячут ее по ночам

в фауне я не эксперт а о памяти памяти нету
эти вопросы меня вечно заводят в тупик

разве она говорит мы не встречались когда-то
помнишь платформа берлин все что ты мне обещал

что-то с ней сильно не так пора бы шепнуть персоналу
выбило слабый регистр или замкнуло реле

к счастью часы не стоят и скоро вечерняя смена
что за платформа какой в этом бараке берлин

чтоб микросхемы не греть на ночь нас здесь отключают
вновь под нагрузку с утра память как совесть чиста

### теория восприятия

был в юношестве у меня товарищ
адвербиальный феноменалист
то в сандунах с ним организм попаришь
то вызовешь цыган под звон монист
но все настаивал печальный гений
роняя в блюдо бледное чело
хоть жизнь полна сенсорных ощущений
но не стоит за ними ничего

я был тогда не склонен к этой мысли
и страсть носил немалую в груди
покуда годы лопались и висли
как кое-что сказать не приведи
повсюду жир и в мелких грыжах тело
на подбородке сталактит слюны
и сердце к реализму охладело
какие тут ей-богу сандуны

вся роговица в колтунах и зернах
весь шум внутри ушей а не вокруг
одной из видимостей тех сенсорных
боюсь теперь и ты была мой друг
я стал разочарован в чувстве чистом
скептические нынче времена
к адвербиальным феноменалистам
отныне отнесите и меня

## перепонка

мне примерещилась тогда
друзей и родичей орда
к летейскому болоту
явились мать отец и брат
я совершенно не был рад
такому обороту

одни неясные как сны
другие с этой стороны
под черной ночи полог
но эти были в меньшинстве
ведь жизнь дается а не две
и срок ее недолог

я там увидел одного
я как себя любил его
когда он был на свете
уже лет двадцать как затих
там было несколько живых
но не считались эти

и вроде не было вреда
но слишком плотная орда
от старца до ребенка
они нахлынули гурьбой
теперь меж ними и тобой
все тоньше перепонка

оконный лопнет переплет
и если вдруг на ум придет
обнять любимых снова
по локоть в плоть войдет рука
вот только живы мы пока
но о живых ни слова

\* \* \*

когда я окажусь кем был сначала
в отеческие выплюнут края
умолкнет желчь что в печени стучала
и память будет тоже не моя

допустим даже припаду к истокам
в хрестоматийном перечне зануд
а там вокруг все эти люди скопом
которых я не знаю как зовут

приговоренный к водке и покою
пускай и нынешний не больно лих
куда бежать и как мне быть такому
за столько лет отвыкшему от них

щенок еще вареники в сметану
пуская вплавь в предчувствии вреда
я буду знать возможно кем я стану
которым я не стану никогда

там рыщет зависть виражи сужая
без пропуска наружу и в москву
а память подозрительно чужая
лишь обещалка щелкает в мозгу

мы сняли с этой сыворотки пенку
анализы уплачены врачу
врешь лодочник верни мою копейку
я лучше у причала поторчу

\* \* \*

он был бы автор песен и элегий
но мор скосил а следом рухнул рим
история теперь как свиток пегий
от пятен ненаписанного им

вот и гадай вдоль поколений кто мы
что вырасти могло бы из тебя
пока в неощутимые фантомы
обмен веществ не превратил тела

или вообще прицелишься но мимо
как в атакаме площадной крикун
история несозданного мира
цепочка умолчаний и лакун

вселенная построена из плотно
прижатых слов на них стоит она
а та где сплошь бумажные полотна
без букв пуста и не сотворена

ее под силу заселить любому
умом на миллионы лет подряд
вот только малограмотному богу
поручен человеческий подряд

нас надо было выдумать другими
в высоковольтном закалить огне
но мор въезжает в мир на ламборгини
и третий рим кончается в окне

### когда темно

отслюнивал пока не стало сто
вертел слова на языке как бревна
терпел себе когда стемнеет все
стемнело чересчур правдоподобно

к полуночи от слипшихся речей
фарватер из гортани фиолетов
остались только эти сто ничем
впотьмах не обозначенных предметов

но подпирала нёбо вертикаль
уму пищеварения подарок
из скважины под буром вытекал
на грунт просроченный миропорядок

с натекших глаз он виделся ему
в крови но кровь черты с предметов стерла
и пер на слух в густеющую тьму
с надсадным треском лесосплав из горла

напрасно льнут плотовщики с челна
к ночной воде удить заначку детям
все кончено вода насквозь черна
венозная и что поделать с этим

с тем кто над руслом встал из микросхем
обдолбанный на перепутье витязь
последний сон изобразили всем
вот только что проснуться не проситесь

**окказионалистическая лирическая**

под житомиром ежи
дружелюбны и свежи
хорошо гулять держа
в каждой пригоршне ежа
а в торжке неутомимо
боевые барсуки
майна-вира пианино
на поверхность из реки

так пожалуй было раньше
а теперь не докричим
до небес где бог мальбранша
слесарь следствий и причин
горний царь над праотцами
он концы сведет с концами
вместе с ангельской братвой
глядь отыщется и твой

дед давно рассудком гибок
в сапоге разводит рыбок
наша бабушка осла
из ашана принесла
рябь весенняя на рыле
вот и первые моржи
предварительно открыли
глазки синие во ржи
их вплетают человечки
себе в венчики и вот
пианино вдоль по речке
пианиссимо плывет

### элегия о плюшевом медведе

скажи молва премудрый гугль ответь
куда уходит плюшевый медведь
когда на нем повреждена обшивка
когда спина от старости бела
и ясен пень что жизнь была ошибка
а может быть и вовсе не была
повыпадали бусины из глаз
скажи зачем он покидает нас

под топчаном где старческий приют
он молча ждал пока за ним придут
вот он еще у выхода толчется
надорванную лапу волоча
а дальше царство вечности начнется
всех плюшевых и мягких палача
застынет на устах последний смех
где куклам рай где ад медведей всех

сесть в комнате где раньше жил медведь
и вслед ему немного пореветь
вот ящик где была его квартира
но там он не появится опять
ужели мастер всех игрушек мира
не в силах нас подшить и подлатать
ужели прежних лап собрать нельзя
или нашарить на полу глаза

* * *

к чьим ландшафтам душа пристрастна
ей и с теми порвать пора
эти снежные сны пространства
эти брейгелевы поля
где насупится сельский сумрак
и накинется тем лютей
предвечерняя чистка суток
если с крапинками людей

лопасть льда в человечьей саже
летаргический звон сурка
в зимнем гробике но не вся же
так презрительна к ним судьба
чтоб редели ряды народа
и снежинки во рту горьки
где душе норовить в ворота
прижимая к груди коньки

либо тенью по насту либо
юрко в сумрак и вся молва
помнишь как хорошо там было
но прошло если взгляд с холма
доля олова в том свинце ли
и латунь если спеть смогу
поточней чем в ночном прицеле
у охотника на снегу

\* \* \*

пусть это будет старый новый год
с тем опытом что на ту пору нажит
пусть на тахту замшелый ляжет кот
куда он больше никогда не ляжет

в гостиной елки пыльная метла
слеза стекла на лапе как помарка
в своем глазу она давно мертва
но им с котом еще тянуть до марта

и кот встает его зовут дела
он крен дает под бременем артрита
на брюхе шрам пылает где была
резекция и шерсть еще обрита

теперь смотри отсюда что почем
очки на плешь колени к подбородку
в той точке времени куда ручьем
стекали с плеском годы под решетку

ах елочка недолгих снов дружок
когда в фольге сиял орех на ленте
пружина бакелитовый кружок
с девичьими алло в ассортименте

прибор умолк и слух простыл о том
столетье в рытом бархате и вате
пора прошла а кто в ней был котом
снят с должности и обходной на вахте

отныне память мозгу не слуга
ей пофигу откуда и куда ты
пусть склеивает сутки в слой слюна
и свернутая кровь скрепляет даты

нам позарез к весне вернуться в лес
на хвойный старт откуда елка родом
где снег в глаза и мгла наперевес
куда твой кот уходит вместе с годом

## поучение другу

случаются в мире порой чудеса
их список исчислишь нескоро
но самое главное чудо лиса
любому понятно без спора
в чьем логове хвостики славных лисят
в уютных потемках как свечки висят

а может быть лучшее чудо жуки
в зигзаге парения резком
которые в воздух взлетают с руки
слепя своим хромовым блеском
на каждое счастье в листве по жуку
и смелется каждое горе в муку

простых земноводных и то уважай
любых насекомых не хуже
весенних лягушек густой урожай
в любой неожиданной луже
моль по сердцу моли казаху казах
лягушка шедевр в беспристрастных глазах

мы зря безобидных животных жуем
давно постеснялись бы сами
за то что они обитают живьем
и делятся радостью с нами
жука поднося плотоядно ко рту
помедли и вспомни мою правоту

## ктесифон

жеребцы из-под панцирных шкур источали пар
вверх по тигру на ктесифон пустовала трасса
мы лелеяли древнюю в лагере возле карр
мысль о мести за злое золото в глотке красса
в том конце где ночь распрямляет свой млечный хвост
и светила вразброд без паруса и кормила
нас покинул последний кто помнил устройство звезд
иерархию сфер и другие секреты мира
пал под пикой засланца распятого мертвеца
кто имперской славой бредил нощно и денно
чей холодный огонь не умел зажигать сердца
только в тесном своем до конца пламенел отдельно
ни родного на тысячу миль очага ни родни
он оставил нас мы теперь среди них одни

не подмога огню рука непорочной жены
и жрецу праматери в космосе одиноко
алтари повержены храмы сокрушены
понапрасну пялится в тучи этрусский дока
мы испили до дна ледяную реку стыда
за того кто уже невредим за порогом боли
это был наш последний бросок наш марш навсегда
и под пиками падали в пепел былые боги
этим темным теперь в колизеях шугавшим львов
повергавшим без жалости навзничь наши кумиры
добровольных рабов перетрусивших душ улов
чем стервятников предки на пыльных полях кормили
как на пленке петлей умирает в который раз
отомщенный траяном но преданный нами красс

но и нам в запредельных полях пора суждена
перетерпится смерть и спадет пелена обмана
над невидимым небом поруганная страна
распростерта опять от инда до стен адриана
мы встаем из-под плит чтобы слава не умерла
за предвечной чертой где у них в головах пробелы
и невидимый им вексиллярий вносит орла
сквозь колонны курии к алтарю победы
прежде золото глоткой затем из зрачков лучи
иерархия сфер но и пращурам здесь не враг ты
плодоносит лоза до земли срывай и топчи
мир где месивом персы мессии и катафракты

в колеснице света кесарь въезжает в рим
он командует нам горите и мы горим

### прогноз погоды

траве ли теперь на лугу не расти
и песней не тешиться спетой
которой из жизней ты скажешь прости
из мыслимых если не этой

из прожитой части не вычесть ни дня
пейзаж не в укор фотоснимку
на свете где атому атом родня
и время с пространством в обнимку

воронам по крови вороны милы
любовь исключительный метод
возможно что есть и другие миры
но вспомним на выходе этот

спасибо что ширится к устью река
светил преломляя орбиты
пенять ли на то что была коротка
раз нет ни вины ни обиды

мы розницы ждали а выдали весь
комплект и под занавес взвесьте
в которой из жизней непрожитых здесь
мы были бы счастливы вместе

пусть многим в ненастье за ворот текло
и хворей морочила свора
спасибо что все-таки было тепло
раз холодно будет так скоро

**жизнь и судьба**

он находил грибы в лесу и ел их
речную пойму вытоптал на треть
а то что часто не хватало белых
не удивляло он ведь был медведь
лес был всегда прибежище и замок
а дачники всех белых едоки
гитарным визгом распаляли самок
на вылазке воскресной у реки

в барсучьей стороне под кровлей птичьей
всей шкурой хрупкий пробуя уют
он чувствовал что от людей практичней
поглубже в лес неровен час убьют
к противным притираются соседям
привык и он под плеск гитарных струй
тяжелый крест на свете быть медведем
но кем родился тем и существуй

он засыпал под кронами в омелах
впадал в тоску под утро оттого
что снились добрые леса где белых
полно а мудаков ни одного
но мужественно жил терпел не плача
бестрепетны звериные сердца
кому судьбой не выстроена дача
медведем быть задача до конца

**время вперед**

в краю миражей и преданий
возник из тумана завод
мертвец человека недавний
и тот из берлоги встает

он справился с прежней одышкой
без задницы вислой легко
и бережно держит подмышкой
видавшее виды лицо

а виды признаться не очень
пейзаж очевидцу немил
мертвец этот девушкой впрочем
в минувшем столетии был

точил на заводе детали
и книжки читал до зари
пока себе в скирды метали
в полях урожай косари

и что же он спросите видит
мертвец этот то есть она
какой себе сделает вывод
во что превратилась страна

гондоны кругом и какашки
в стекле и жестянках река
а парень в нарядной рубашке
целует взасос мужика

в цеху на току и по зонам
на брата вскарабкался брат
хоть борется с этим позором
в госдуме седой депутат

не сеем уже и не пашем
не строим мостов и метра
в натруженном сормове нашем
содом и гоморра с утра

и черепом горько рыдая
что нет ей шеренги в строю
обратно мертвец молодая
ложится в берлогу свою

коль нет в воскресении толка
пусть черви пируют в груди
лежи про запас комсомолка
еще раскопаем поди

\* \* \*

однажды в проем продвигая дверной
свое немудрящее рыло
я понял что не было в жизни со мной
того что я думал что было

что в буркалах этих и в этой спине
в прыщах из-под стираной майки
есть многое то что несвойственно мне
а все что мне свойственно байки

я в жизни к прискорбию кто-то другой
себе идентичен не очень
и ввел в заблуждение этой пургой
приличных людей между прочим

пусть пакостный сон но какие же в нем
тупые сюжеты приснятся
и как в этом факте гори он огнем
друзьям и знакомым признаться

одно утешенье что этот урод
житейской крадущийся чащей
в положенный час за меня и умрет
а вовсе не я настоящий

я зря изводил километры чернил
в ущерб своему легковерью
но рыло ему как умел прищемил
попавшейся под руку дверью

**стансы с коротким периодом полураспада**

стихотворение умрет
оно исчезнет скоро
когда продвинется вперед
безлюдных суток свора

или с людьми но просто блядь
прочь отомрут повадки
что нас толкали расставлять
слова в таком порядке

и как же выдюжить тогда
ремесленнику песен
коль скоро этот род труда
в потомстве бесполезен

в нанайской истовой борьбе
когда кругом потемки
мы сами навсегда себе
и предки и потомки

камлать не открывая глаз
самой работы ради
как будто время все сейчас
не спереди и сзади

дать голос камню и скоту
принять такие позы
как будто все не в пустоту
а для добра и пользы

\* \* \*

он рассказал что там у них внизу
есть галерея лиц и эти лица
свисают с веток в призрачном лесу
как сон который никому не снится
архив моделей древних глин замес
порожних матриц прошлая затрата
и каждый выселенный в этот лес
узнает в каждой друга или брата
поскольку здесь извлечены из тьмы
на высвеченном как луна манеже
не то чтобы одни и те же мы
но для других всегда одни и те же
в пределах этой временной луны
поверх плеча в последний раз отмечу
короткую дистанцию любви
а дальше лес и гроздья глаз навстречу
но в них уже ни горя ни вреда
мне лодочник рассказывал об этом
пока он отвозил меня туда
откуда возвращенье под запретом

\* \* \*

в этой местности мозга
отведенной живому огню
с барельефами воска
где я трут и огниво храню
световая сирена
накрывала окрестности встарь
но искра отсырела
но в трясине увяз инвентарь

с предпоследнего лета
по колено в кисельной воде
а без верхнего света
фитиля не нащупать нигде
в лабиринте кромешно
носом в стену и юшку утри
и ведь помнишь конечно
как горело годами внутри

нынче время пожара
поскорей керосин и дрова
чтоб от жара дрожала
в золотых языках голова
чтобы с лавой роднило
где из кратера в горсти берем
раз уж трут и огниво
не сыскать по углам с фонарем

## офорт

дежурные в аспидной жиже
будильники утром грозят
но кажется утро не ближе
чем час или сутки назад
ввинтили картину в глазницы ко мне
с ночным человеком в оконной кайме

застенчивый контур на черном
над мертвенным шаром метро
зачем он теперь и о чем он
ему не напомнит никто
лишь голые щупальца лип на ветру
ночным человеком играют вверху

чужим в назидание судьбам
свою предпочесть мудрено
давайте ему дорисуем
жену и собаку в окно
чтоб были под утро к больному милы
но нету у бога счастливой иглы

у бога на башенном кране
светляк обозначил стрелу
не я ли в похмельной нирване
скулой прирастаю к стеклу
в протертой суставами шкуре людской
себя созерцающий сверху с тоской

## певцы

*л. рубинштейну*

страна в перманентном упадке
и дыбом окурки из блюд
в осеннем потрепанном парке
за столиком люди поют

над ними то солнце восходит
то сумрак клубится слоист
но тенором страстным выводит
мотив самопальный солист

в словесной мучительной пряже
тоска и любовь напролет
возможно и выпили даже
а кто под закуску не пьет

история расы вскипает
в стенаниях или мольбах
и хор постепенно вступает
аж пучатся жилы на лбах

о том ли что воин на фронте
и баба всплакнула о нем
народное горе не троньте
гори оно синим огнем

поют о последнем патроне
о шуме в ночном камыше
хоть нет у солиста гармони
гармонии уйма в душе

не сам ли хоть не паваротти
еще до нисшествия тьмы
я был этой плотью от плоти
такими как эти людьми

свидетель их нивам и водам
не нильский же впрямь крокодил
я был этим певчим народом
в такой уж пардон угодил

и песен над пивом и пеной
всю норму отпел до хрена
а что до страны невъебенной
ступай она лесом страна

**верея**

в верее ровесник рома
вред выпаривал из грома
правил брагу из грозы
веселело нам в разы
а наутро за грибами
если не было дождя
днем в крыжовнике дремали
сил на отдых не щадя
положительная смета
сердцу маленький укол
то ли таня то ли света
он тогда ее увел

все одно ушла бы таня
трудно жить друзей не раня
в царстве леса и воды
я в израиль и лады
муж с женой жена при муже
в доме радость и вино
но потом гораздо хуже
вышло в жизни у него
утром выскочил на яве
не заметил что флажки
в черной выбоине-яме
труп гаишники нашли

помню местность и народец
в недра воткнутый колодец
накрест вилы и топор
время прожито с тех пор
света ясно тотчас замуж
двери настежь и в москву
для чего мне эта залежь
лишней памяти в мозгу
на березе ли раките ль
роспись кровью на коре
мертвых молний укротитель
мой товарищ в верее

### холодильник

отслезив глаза в сигаретном дыме
в том краю стократ
после всех котлет мы садились к дыне
мать с отцом и брат

за спиной фреоном бурлил саратов
из тщедушных сил
и магнитофон с польским роком братов
из-за стенки выл

но еще услышу о чем народ мой
если весь замру
говорила мать что воды холодной
пить нельзя в жару

потому об этом весь день с утра я
что в кругу планет
больше нет на свете такого края
никакого нет

где со зноем один на один машинка
как в болотах танк
ресторан днипро сигареты шипка
желтизна фаланг

каждый день если небо придавит тонной
псу под хвост труды
каждый божий раз когда вдруг студеной
отхлебнешь воды

## репортаж с титаника

мне разные глупости снятся вот вспомню одну
покуда о первой не вышибла память вторая
как будто мы сняли штаны и гуляем по дну
в букеты медуз и тропических рыб собирая

и как подобает за этой работой поем
но голос долой или слух отключили у тела
не хором выходит а каждый взахлеб о своем
о всякой херне что за долгую жизнь накипела

похоже на комикс и в нем пузырьками слова
лицо запрокинешь где строй этих литер неровен
но ластиком ловким сотрет его рыбья братва
в сюжете где видящий сам себе бэтмен и робин

мы этот язык наяву не встречали нигде
должно быть когнат безответного пения в душе
и станем теперь в необъятной скитаться воде
без слуха и слова как встарь с пацанами на суше

по сути парнас наизнанку до сноса основ
сквозь линзу поверхности звезд отголосок неонов
немая и мокрая вечность где все без штанов
с букетами рыб и в венках из морских анемонов

когда просыпаешься с мысленной рыбой внутри
и репу чесать плавниками пытаешься тупо
стихи это истинно те же во рту пузыри
весь воздух вода и начинка японского супа

**искупление**

*л. херсонской*

решено напишу о медведях
разошлю им для верности весть
в неевклидовых вихрях и нетях
где медведи духовные есть

тех валдайских империй сатрапы
из которых пространство росло
вроде лучших из нас косолапы
лишний раз аттестуя родство

[а не поросль двуногих кретинов
к чьим поступкам природа тверда
как кирилл например анкудинов
цирковой из майкопа балда]

в перелески небес и суглинки
отступили и встреч не сулят
эти урсусы и урсулинки
и косматых косяк урсулят

если точные буквы и числа
начертаем на тверди огнем
мы доищемся в космосе смысла
и медведей творенью вернем

может нынче мессия медвежий
сколько в мире греха ни возьми
среди окских пустых побережий
за собратьев ложится костьми

два пронизанных тернием уха
у подножья барсук и лиса
шагом марш за медведями духа
в обретенного рая леса

над евфратским стремительным устьем
сквозь рычанье прорежется речь
и у входа сам шишкин допустим
им отдаст подобающий меч

\* \* \*

гераклит лежит на пляже
как курортный идиот
он в одну и ту же даже
воду толком не войдет

тяги нет к вину и телкам
чай не лодочник захар
все его прозвали темным
за тропический загар

в несусветных мыслях роясь
словеса сплетает в нить
проникает в самый логос
но не может объяснить

тайны звезд и бездны ада
все постиг наперечет
но записывать не надо
потому что все течет

он лежит дыша неровно
полон пламенных идей
древних греков поголовно
не считает за людей

ведь чело ему венчала
в духе истина сама
а захар кричит с причала
поудить зовет сома

но ему отвлечься жалко
члены гением свело
на хрена ему рыбалка
раз война отец всего

вот уже на пляже тесно
он скрывается в кустах
древнегреческая песня
остывает на устах

\* \* \*

в тучах песенка грача
по траве течет моча
под раскидистой маслиной
диоген сидит дроча

в мире истина фантом
да и ту сыскать с трудом
по расчетам диогена
вся вселенная дурдом

философия проста
правда с чистого листа
конопли и девок вволю
надо только знать места

приходил один с мечом
спор затеял ни о чем
попросил посторониться
чуть не въехал кирпичом

в царстве мудрости покой
меч у лоха под рукой
диоген хотя и циник
но поверьте не такой

чем ходить вернее лечь
холода разгонит печь
если лето неизбежно
печью проще пренебречь

кто за выручкой в минфин
кто к буфету где графин
раздает сестра таблетки
грустным жителям афин

на четвертом этаже
видно девку в неглиже
знал бы правду жил бы в бочке
всем спасибо я уже

## морская прогулка

он вышел к морю и стоял смотря
как юнги выбирали якоря
цепь исходила воем окаянным
и шкипер проворачивал штурвал
а море разливалось океаном
и было им но берег пустовал

у этих юнг проворных на борту
мелькнули когти и клыки во рту
придав ему подобие улыбки
а руки не сжимались в кулаки
он знал масштабы риска но убытки
на суше были слишком велики

в тот раз он вышел к пирсу из страны
где смыслы и слова истреблены
ни рощи на обветренных обрывах
с разгона волны в сланец или гнейс
он ничего о чайках или рыбах
не знал и это был последний рейс

в стремлении на север или юг
он пренебрег улыбкой этих юнг
хоть вопреки просоленному ветру
и февралю его бросало в пот
он вдруг стянул картуз и поднял кверху
там поняли и вмиг спустили бот

он груде гнейса прошептал адью
и шкипер устремил свою ладью
навстречу немигающему блеску
пропасть навек в космической глуши
где все мертво на кабельтовы в бездну
но и до небосвода ни души

## юбилейное

вдоль насыпи в кустах прожектор с вышки
страна снаружи в сумерки пуста
попутчик рассовал по рангам фишки
и вдумчиво ушел за полвиста

что стало с населением окрестным
зачем печаль на жителей скупа
здесь слишком часто с ордером арестным
их навещала заполночь судьба

вбивали в план пуды и тонны вала
и монументов свору возвели
но выживших с тех пор осталось мало
не приподнять народа от земли

когда еще на звук стреляла стража
когда мой поезд ездил под столом
там в кунцеве где перекресток страха
околевал на даче костолом

на трубной чернь о милости молила
бил паралич кровоточила речь
но вся страна с тех пор его могила
нет места в грунте мертвому прилечь

чем ночь длинней тем память в ней короче
не бог весть что в итоге за чины
мы спрятались в купе и пишем сочи
из всей истории исключены

задернув шторой ночь где крылья кармы
расправленные плещут над страной
я струсившему открываю карты
чтоб третьего оставить без одной

мы милостей не ждали от погоды
и трупный ветер выл над полотном
на аркалык где вышки-пешеходы
сбивались в стаю под моим окном

**досмотр**

по дороге катится коляска
за верстой мотается верста
в тесном ящике в канун коллапса
волновая функция кота

ящик на коленях пассажирки
есть еще багажные места
бедный мурзик где твои ужимки
боевая выправка хвоста

пассажирка ищет тайных знаков
проверяет карму и астрал
шредингер один из австрияков
женщину коварно разыграл

больше барсик не играет с мышкой
и к ногам не ластится как дым
спит суперпозиция под крышкой
дохлого животного с живым

кот ни жив ни мертв в своей гробнице
символ всех находок и пропаж
вот и к государственной границе
подъезжает скорбный экипаж

вся в слезах к таможеннику дама
он же в настроении крутом
беспардонным лезвием оккама
сносит крышку с ящика с котом

здесь тактично пропустить страницу
сколько слез на физику ни трать
лучше нам не ездить за границу
и котов возлюбленных не брать

грустно завершается однако
пагубной науки эпизод
кто из нас не павлову собака
то уж точно шредингеру кот

**автоэпитафия**

в безбрежной крапиве ржавеет подкова
с передних копыт алексея цветкова
косая и стертая не по летам
инструкцию к ней написал мандельштам

изгладил прогресс колесо и полоску
где бурей в кювет оттащило повозку
в сажень высотой проросли деревца
сквозь мчащийся навзничь скелет жеребца

с обочины в чащу стремительным юзом
не сладив с последним трагическим грузом
в пробирку посмертную славу сольют
что мимо ни мышь то скелету салют

небесная ширь и присутствие леса
пусть служат намеком на тщетность прогресса
наглядным уроком истории всей
что был ненадолго такой алексей

кто пробовал всплыть над стрекающей бездной
на время останется вещью железной
но вскоре и эту накроет волна
в борьбе с кислородом падет и она

**элегия о воде**

несмываемый факт что офелия
из неона была или гелия
как свинцового воздуха груда
нависающий клавдий над ней
а вдова его брата гертруда
вся скелет из болотных огней

те ли нам примерещились эти ли
ненадежны слепые свидетели
не учите меня ну вас к бесу
из микробов слагая слона
что шекспир написал эту пьесу
только химия пишет сама

стала слабость предсмертным посредником
меж норвежским и датским наследником
частной дичью собачьей личинкой
в невозвратных своих плавниках
сколько в сумерки спичкой ни чиркай
не зажечь этой свечки никак

поздно мертвых лечить от безумия
но в мозгу известковая мумия
если вычерпать неводом омут
лишь калошу обрящешь одну
благородные газы не тонут
ни один не прорвался ко дну

мы под шпагами пали под пулями
и в каких только рвах не тонули мы
а наградой за кровь только эта
невозможному принцу жена
в спектроскопе и скудно одета
залюбуешься как сложена

## qualia

когда я умер не было меня
я больше не был предусмотрен в смете
во всей округе не было ни дня
в котором я существовал на свете

один беспамятный провал и в нем
ни грамма очевидности упругой
длину чего считать отныне днем
и что в уме именовать округой

епископ беркли утверждал что бог
в мое отсутствие возьмет немного
вселенной на баланс но он не мог
обосновать существованье бога

давай покуда нас в помине нет
и шансов дальше ноль начнем стараться
восстановить по калькам белый свет
его чертам не позволять стираться

пусть остается сад под небеса
всей отшумевшей зелени разлука
лесной пожар коварный как лиса
и смерть в лесу и сон в саду без звука

давай долбить в помине тесной тьмы
туннель простой реальности на мили
как бы метро хоть мы не бог но мы
по крайней мере тем сильней что были

и вспоминать заклепывая швы
опалубки всем жребием напрасным
как искренне мы на зеленый шли
как мы стояли насмерть перед красным

**закат империи**

цинциннат ходил за плугом
не жалея слабых жил
он плебеям не был другом
он патрицием служил

но лишь эквы или вольски
показали свой оскал
отличился в римском войске
и с победой должность сдал

легендарный этот случай
тем в истории хорош
что примером к жизни лучшей
нам не служит ни на грош

а которых выдвигает
нам в спасители страна
тем латынь не помогает
букв не помнят ни хрена

наш тиран тупой и серый
чешет граблями в паху
на плече наколка север
с тусклым солнышком вверху

хоть китай зови хоть нато
нет управы на мудил
нет в запасе цинцинната
чтобы вольсков победил

## батарея

на вершине в лишайнике замок
небосвод над донжоном свинцов
там табун человеческих самок
с соразмерным комплектом самцов

все в плену в положении глупом
и к воротам напрасен визит
серый призрак над облачным супом
словно кость вековая висит

здесь не суйся к невольным подругам
с детородным устройством своим
не под силу на ложе упругом
в этой фазе размножиться им

ни травинки у рва ни ракиты
ни оленей в лесу ни лосей
потому что природой забыты
быстрой смертью и вечностью всей

не для секса сеньора раздета
не о шустрой сопернице спор
просто ей под шнуровкой корсета
батарею меняет сеньор

пол в пыли под решетчатым светом
и пустуют от снеди столы
в табакерке с простым менуэтом
на вершине последней скалы

## царская прогулка

государь выезжает на площади и в сады
в орденах до бровей и гвардейском прикиде свежем
благодарные русские рыбы из невской воды
с кружевными платочками в лапках вслед за кортежем
остальная растительность истово вдоль реки
рукотворцы христа спасителя и транссиба
на мышах от юдашкина форменные армяки
из которых летучим конкретное всем спасибо
троекратную рявкнут осанну и вся недолга
и монарх моноклем сверкнет молодца ребята
в золотой портупее за ним товарищ яга
и товарищ кощей и другие светила сената
но увы за кустом нигилист все устои прочь
мечет мину в царя и мир покрывает ночь

государь громоздится в пролетку в повторный раз
сплошь титаном обшит чтобы публика не шалила
у него храповые колесики вместо глаз
и нога наотлет где сорвало шпонку шарнира
креатив обрастает лайками первый нах
в каждом горле ура и во всякую пасть по водке
уцелевшей ногой государь привстал в стременах
впрочем вру ради рифмы зачем стремена пролетке
ход истории выправлен время не вон из рук
все как встарь на валдае и подданные поддаты
но опять этой адской машинки внезапный звук
ордена в окрошку в багровый кисель солдаты
мы по пояс из грунта ботвой трудовой народ
нас мутит от восторга а многих почтительно рвет

состоим под надзором карательного полка
эту честь получали от власти уже не раз мы
государь в голове он лишь дерзкий проект пока
но алмазные зубы верняк и глаза из плазмы
фоторобот в пролетке в задумчивых тучах чело
а с запятков стреляет очами народный отчим
по обочинам где бы орде обустроить чего
обустроим блядь чтобы блядь неповадно прочим
то ли регент в брегете милорд иглы и яйца
то ли мать героина чья вечность метла и ступа
вот кому посвятим в промежутке наши сердца
и другие органы не покладая трупа

с ними космос наш как бы ни был далек и мглист
в чистом поле куст за кустом стоит нигилист

## лирический герой

есть версия что я вообще машина
не сущность неделимая а две
и существо нездешнего пошиба
тоскует в автономной голове

оно лишь персонаж в своем рассказе
следит за истеченьем по часам
а все причинно-следственные связи
мешок с костями соблюдает сам

так силится актер на киноленте
постичь судьбу что публике видна
и подглядеть у тела в документе
кто он такой и в чем его вина

так и живешь с непостижимой целью
но звездная над миром гаснет гроздь
и покидает черепную келью
невидимый из кинозала гость

машины совершат свои обряды
им эти сны снаружи не видны
но нет ни наказанья ни награды
раз не было заслуги и вины

## ἔλεγχος

сократ полагал что спасает не вера а знание
служить ему честно себе он поставил задание

поэтому жизнь посвятил просветительским миссиям
и лясы в палестрах точил то с кратилом то с лисием

смекалкой себе репутацию справил высокую
дельфийский оракул и тот полагал его докою

его ли вина что тупые по факту афиняне
ума отличить не умели от козьего вымени

когда он в неправом суде препирался с кретинами
не сильно приспел ему лисий со всеми кратилами

ушел без гроша а трудился за хлебную корочку
ни денежек деткам ни пеплоса бабе в оборочку

тягаться ли нам что живем у скончания времени
с их древними греками или самими евреями

попробуй в окрестностях потьмы торжка и саратова
малейшую пользу извлечь из наследства сократова

в бревенчатом срубе за мкадом сиротствуя где-то там
постичь добродетель его ироническим методом

я сам в своих сузах акафист с аористом путаю
склоняя чело над прощальным стаканом с цикутою

## теэтет

в это стертое напрочь с жесткого диска лето
был от люды одной с воровского без ума я
и читал взахлеб довоенного теэтета
ну ни строчки в нем ни словечка не понимая
изнурял мозги трепеща в ожиданье чуда
что мол дескать когда одолею премудрость все же
за духовный подвиг даст мне любая люда
как светилу ума да и всякая света тоже
это к слову пришлось ни ногой не совался к свете
все для люды единой ни мысли тогда о вале
и не то чтобы свет там клином на теэтете
но попроще в открытом доступе не давали
с той поры к ледяным сердцам заросла дорога
теэтет хоть и стал пояснее но ненамного

а когда с воровского люда повышла замуж
и познала изнанку мира в экстазе в поте ль
и с платоном и с девками я управлялся сам уж
а потом появилась ты наступил аристотель
я упрямо пытался встать на сторону света
на дорогу правды сквитаться с рекордным счетом
при посредстве ceteribus paribus теэтета
никомаховой этики и уж чего еще там
почему ощущения не умножают знаний
а суждения лишь добавляют уму работы
или как ты тогда ухитрилась поймать нас с таней
и куда ты ушла и вообще не припомню кто ты
с кантом все у меня выходило на диво гладко
теэтет же ну вот ведь блядь по сей день загадка

невелик мой день занимается ночь темнея
все длиннее тени на дальней стене подвала
перед тем как померкнет свет возьмусь за тимея
чтобы хоть голова понапрасну не пропадала
или вот на что я очень надеюсь тайно
что еще до ухода возьму одолею куайна
я там не был лет десять памяти и в глазах нет
только в бывшей весне нацедил старожилу виски
никакой уже людой конечно нигде не пахнет
единички с ноликами на жестком диске
на толкучке вдруг в адидасах философ ямвлих
отставной козы продавец молодильных яблок

и живой воды не без запаха перегара
но ларек на замке перекрыли подвоз товара

## noli me tangere

в том другом краю где ведет европа
счет взаимным пагубам и обидам
был я геном молотова-риббентропа
по весне всходил инвазивным видом
хоть земля по росту пришлась едва мне
в головах катынь а в ногах едвабне

что за крюк ни выдумай не объеду
всюду без зазрения и утайки
каждый год справляют по мне победу
заводные вскачь запускают танки
день в упор разящих и насмерть бивших
всех моих отечеств и родин бывших

что тебе ни дембель с утра в строю ты
не отвоют бабы так псы отлают
от катыни залпы видать салюты
и в едвабне зарево знать гуляют
полстакана русским остаток немцам
позади норлаг впереди освенцим

хоть самим в усладу повадка эта
срам перед космическими гостями
как возьмешься праздновать день скелета
так и прозвенишь на весь мир костями
выползешь в пустыне из танка тупо
моего хотя бы не трогай трупа

## менон

я жил в одной вселенной я там был
подпольным иммигрантом без мандата
прокариотом в допотопный ил
и аксолотлем посуху когда-то
так долгой ночью в поезде во сне
таишься чтоб соседи не узнали
к сопенью притираясь и возне
но вдруг разъезд и ты один с узлами

я нынче мальчик и служу рабом
хоть и невежествен как сущий пень я
в квадрате без зазрения любом
определяю площадь удвоенья
пусть в карцере промозглом на цепи
но вот галлюцинация однако
в мозги вонзается значенье $\pi$
до несказуемого звуком знака

что значит мальчик почему со мной
в сознании отсеки невесомы
откуда в неизвестности земной
боль ампутированной хромосомы
кого я тискал недоросль в кино
в каком раю у памяти в пробеле
я был влюблен и вспомнить бы в кого
не в геометрию же в самом деле

душа неконвертируемый грош
сортирный раб и нобелевский гений
в дорогу одинаково берешь
слепой комплект констант и уравнений
фонарь над расписанием едва
узлы в грязи за станционной грядкой
разъезд встречает риском и загадкой
а ты его паролем дважды два

**просто воздух**

стережет жильца разлука
будь он в холке хоть с телка
разбиваются от стука
все предметы из стекла

а железные предметы
если с виду и тверды
тоже горькие примеры
неустройства и беды

оставляй усадьбу сыну
пламя выскоблит дотла
где найти такую силу
чтобы твердая была

для чего имеют люди
если ужас и война
сердце стремное из ртути
слишком мягкая она

кучер в сумерки на козлах
хрустнет грусть под колесом
остальное просто воздух
только воздух невесом

\* \* \*

в последней тьме мне станут сниться
едва умолкнет плач и смех
незабываемые лица
людей любимых этих всех

напрасны скороварки ада
в раю не выдержу ни дня
вины и милости не надо
когда простят они меня

и если завтра в небе низком
померкнут солнце и луна
хотелось бы уйти со списком
долгов уплаченных сполна

никто в запястья не вбивает
гвоздей свирепой толщины
где нелюбимых не бывает
и все взаимно прощены

на кой нам ангелы и черти
вы за чертой их сил и стрел
кого любил сильнее смерти
и все которых не успел

## после смены

прикрою глаза и в прихожей они
гурьбой претенденты загробной родни
соседка с площадки с узлами белья
профорг из редакции бывший
в разбитых кроссовках болгарин илья
мне бейсик в извилины вбивший
старуха с вернадского в нимбе седин
червонцы взимавшая к сроку
и в челке едва различимый один
всегда с беломором и сбоку
кого только вспомнить из них не дано
из ветхой системы изъятых давно

летели столетия как рысаки
деревья шумели вовсю высоки
и я возомнивший что это навек
бряцал вразумительной речью
хотя лишь с натяжкой я был человек
и шкуру носил человечью
в песочных часах утонула страна
на башне пружина строптива
и шкура послушно на вахте сдана
и списана челюсть с актива
но черепу честно прикрою глаза
он видит что видит ослепнуть нельзя

я малое тело я снова дитя
меня ураган поднимает вертя
а был на земле своеволен и глуп
ристал как в курятнике птица
зубрил самоучкой теорию групп
в расчете что впредь пригодится
вот так и являются группой с тех пор
забыли дорогу обратно
и этот который всегда беломор
гармошкой сминал аккуратно
мою непогасшую память виня
как будто во мне опознали меня

знакомые бельма и патлы бород
зачем ты покинул мой утлый народ

площадку где всех незадача свела
гимнастку гламурную в классе
врача из сибирского в соснах села
механика с козима-штрассе
смотри как просторно пространство без нас
скули себе пасынок сучий
в повторный душа не рождается раз
душа одноразовый случай
ни в гости с бутылкой ни друга обнять
и череп глаза прикрывает опять

## шествие

нечаянной личности вечность видна
откуда в прореху текут времена
везувий вздохнет или этна
вот рай тараканов чистилище мух
последних моделей особенно двух
неважно которых конкретно

весь воздух проворен от их суеты
но есть покрупнее в проекте скоты
козел например чтобы мекал
и жвачные тоже для нужд рождества
которое праздник всего вещества
не только отдельных молекул

кончается праздник и ночи черны
исчадье невиданной величины
свою покидает обитель
базальтов на ощупь и ликом лилов
он бог тараканов вожатый козлов
и временных мух повелитель

и мы поклонившись в колени ему
ведем насекомых несметную тьму
к исходным константам обратно
в дыру вековую под грохот кайла
где праздник пропал где любовь умерла
и лишь вещество необъятно

\* \* \*

на подступах к темной победе
не сыщешь уловки помочь
живущим еще на планете
короткой как летняя ночь

в последний ли раз спохватиться
тебе у окошка душа
тому как за облако птица
последнего рейса ушла

когтистые лапы разлука
простерла на скудный уют
пока на окраине звука
часы окаянные бьют

всплеснуть вспоминая руками
где смысл вещества погребен
как с майскими дружно жуками
мы жили в одно из времен

подземную выплеснув радость
держа под гипнозом закат
в семнадцатый от роду август
алели глаза у цикад

отныне и помнить напрасно
сквозь певчую горечь глотка
как лето цикадам прекрасно
и ночь для любви коротка

**прогулка под землей**

однажды я поехал на метро
где после тяжкой смены полуживы
как на холсте козявки у миро
вечерние торчали пассажиры

я полагал себя одним из них
в ту пору был от жизни без ума я
гордясь своей премудростью из книг
как раз ее за ум и принимая

но тут внезапно в голову пришло
что для ученого не место спора
наоборот и вовсе не смешно
они ведь все умрут довольно скоро

я их жалел и в каждом видеть мог
сквозь кожу очертания скелета
чьей участи отчетливый дымок
вслед выдыхала смерть из пистолета

все с той поры случилось что могло
оплаченные истекают сроки
нас вовремя нарисовал миро
так мы неправильны и одиноки

стекающая с книжных полок тьма
весь инвентарь лишь борона да грабли
состав стоит и больше нет ума
но он и так бы пригодился вряд ли

## среди своих

наутро встал и сразу вспомнил всех
пустые ссоры заскорузлый смех
на ждановском где барылюк и ткаля
он был тогда с клюкой как я теперь
шмели снижались к вермуту не жаля
и линзы глаз от градусов теплей

смотрите вот он я среди своих
стохастика свиданий быстрый стих
поблажки ноль прохожим если в пасти
коньяк местами польское кино
в довженко или встреча в старой части
как жалко нас как мы уже давно

пунктиром ткаля и его клюка
прозрачен силуэт барылюка
последнего июля не снесли мы
свет обесточен перепись пуста
как звезды в небесах неисчислимы
совместного отсутствия места

наутро память в ужасе свежа
как алик мурач падал с этажа
как снизу с визгом надвигалась осень
или вообще в мозгу полет шмеля
но музыкант на полутакте бросил
беззубым зевом звуки шевеля

## тигры и зебры

саркома или заворот кишок
чего врачи в диагнозе наврали
она его засунула в мешок
и повезла закапывать в овраге

он сетовал что вот недожил дня
был хоть и мертвый весь но сильно грустный
и вспоминал как в поиске родня
совала нос под каждый лист капустный

нашла и познакомила с людьми
потом тропа тревог дорога к храму
но вот отныне ноль ему любви
от той что роет под рябиной яму

вся жизнь была как мутное стекло
он хрена бы когда б не этот случай
сообразил я значит вот он кто
меня зарыть везут в овраг вонючий

не эту ли он полагал женой
и если мысль посмертно озарила
он кротко ждал надеясь что живой
но все-таки она его зарыла

он там лежал и бесполезно гнил
весь целиком уйдя на корм микробам
и мир что был ему загробно мил
не снисходил к прозревшему за гробом

где человек хоть чукча или серб
отброс своей недолговечной расы
и только тигров призраки и зебр
пестры как разноцветные матрасы

## проблема катарсиса

к середине последнего акта
как ледник на глазах катаракта
отчего и в мозгу не светлей
гимнастерка торчком от соплей
блещет в зеве последняя фикса
и с лица отвратительный тип
вот отгадка истории сфинкса
где едва не споткнулся эдип

ты ли паркам заказывал драму
причаститься последнему сраму
малышом заходя в этот зал
петушка еще вспомни лизал
повторяем уроки софокла
тренируя на склоне клюку
вся тесьма на кальсонах намокла
да уроки не впрок дураку

если сфинкс на мослы не польстится
все равно остается проститься
штопор клизмы в заду унося
доброй ночи вселенная вся
эти звездочки черточки точки
подразнили и выгнали вон
плачет мама в фиванском садочке
эсэмеску вбивает в айфон

## смена конфигурации

доперло вдруг мы здесь в конце похода
в угрюмые отогнаны поля
ленивой слизью кашляет погода
узнав что ей закончиться пора
вся твердь над тыквой вывернута тылом
земные жвала развело в зевке
и говорит светило со светилом
на неизвестном мозгу языке

портвейны в парке кошечки цветочки
отколосились лирике хана
псом на вмурованной в скалу цепочке
душа скулит на поприще одна
в окне фалангами колдует пряха
не оставляя в воздухе следа
но в памяти насквозь волокна страха
асбест забвенья сланец и слюда

луна еще надысь на ветке пела
но ветер очертания сместил
стирая ластиком периметр тела
растений минералов и светил
еще душа куда любовь как шило
где меркнет кровь ее прокола но
что прежде мозгом жителю служило
с бессильным языком разведено

помедлим на поверхности и канем
в подкожный жир у всякого своя
инструкция как оставаться камнем
из атомов инертных состоя
мы вышли из шинели мойдодыра
но тетя мойра с прялкой у окна
безлюдны улицы пуста квартира
нас было много истина одна

## экстерриториальное

назавтра отставили все остальные рейсы
снесли на путях провода разобрали рельсы
сидишь в накопителе весь очумев от счастья
что некуда больше лететь и вновь возвращаться

но время осталось и крутится восемь девять
одиннадцать сорок вчера намечали чартер
и с тиканьем этим пока ничего не поделать
ищите где там у времени выключатель

а только бы храповику соскочить с оси
зависнет печальный сверчок на высоком си
в косую полоску стекло где потоп готов
и крик перечеркнут в гортанях совместных ртов

я знаю с кем и куда ты ушла вчера
не больно вы были в маневре своем хитры
но здесь между всем и ничем пролегла черта
и я словно эдвард сноуден вне игры

занятие праздному мозгу теперь одно
за лацкан себя самого и с ним говори
но дождь не оближет взлетное полотно
и брус целиком стальной внутри головы

**гость**

он навестил в июльскую жару
навеселе с бейсболкой полной вишен
на пальцах вычислил где я живу
и позвонил но я к нему не вышел

меня там больше не было тогда
там поселился перегретый ветер
и пыль а сквозь него текла орда
других людей но в этих он не верил

в его глазах страна была пуста
слепой шаблон сезонов и погоды
и он вернулся в прежние места
где сам опередил меня на годы

он снова встал на отведенный пост
на высвеченном вечностью манеже
и виден мне с бейсболкой полной звезд
которые у нас в стране все реже

### точка отсчета

вот сижу я светло-серенький такой
свесив хвостик в час рассвета над рекой

чутким рыльцем меж кувшинок повожу
рыбку выхвачу и рядом положу

здесь на зорьке благодать у нас в логу
часто в речке отражаюсь как могу

и любуюсь до чего же я неплох
из подшерстка выковыривая блох

изумляюсь до чего же я хорош
то клеща прибью то выщипаю вошь

а за плесом где пошире берега
есть большое гнездовище у врага

чуть померкнет очертание луны
там двуногие проснутся ходуны

взгромоздятся на четыре колеса
расползутся в наши рощи и леса

но лесная философия проста
веры ноль тому кто лыс и без хвоста

ни на грош в таком животном красоты
хоть бы и млекопитающее ты

покуражатся однако и уйдут
в свой убийственный попятятся уют

там полакомятся ими от души
их железные и бронзовые вши

не для тех теченье туч и россыпь звезд
кто клыками не владеет и бесхвост

## широкополосная элегия

больше бы стало света в мире угрюмом
если бы кант вступил в переписку с юмом
не возместить истраченных зря мгновений
издали звук нераздавшихся слов не слышен
рано увы рассиялся шотландский гений
прусский напротив поздно из спячки вышел

я вот к примеру днями в фейсбуке маюсь
жизнь доживая в каком-нибудь квинсе сраном
лайков отсыплю тому кто польстит хоть малость
троллям же и мудакам отвечаю баном
только назавтра мой жест ничего не значит
подозреваю что вечность по мне не плачет

что-то в подобном досуге уму немило
трата последних нейронов на чтение ленты
канта бы мне во френды иммануила
юма бы мне давида в корреспонденты
жадно следить куда вынесет их кривая
слушать запоем пасти не открывая

солнце с луной нечасто сияют вместе
жаль что у них не вышло назад лет двести
у православных френдов все о боге дума
отбушевал ваш бог или шибко занят
юма спросил бы да нет никакого юма
кто же нас всех мудаков придет и разбанит

### порицание книжной премудрости

о жизни я читал немало книг
но разница порою до скандала
в реальной был всегда заметный сдвиг
с придуманной она не совпадала

пока бумажный разберешь завал
забудешь напрочь что морковь отрава
а то что автор верхом называл
я находил привычно сбоку справа

где в книгах упомянуто что ввысь
стремятся псы пьянея от полета
где семихвостый зверь еноторысь
на нерест прущий в ртутные болота

возьми опарышей в глазном жиру
я ими рад позавтракать не скрою
и убежден что я не в той живу
из жизней что предписана герою

писатели перепились чернил
им в зуб гетеродин вживил маркони
как хорошо что бог меня хранил
на кабельтов не подпустив к моркови

ты вот что мне пожалуйста скажи
лауреат больших стокгольмских денег
не срам ли из пристрастия ко лжи
вводить в соблазн людей и малых деток

гром грянет и они прозреют вмиг
как я уже в моей норе саманной
глазеющий на пепелище книг
на стаю псов парящих над саванной

## дорога в чермашню

создатель придумал птенцов и котят
в тогдашней решимости твердой
теперь эти кошечки птичек едят
кровавой осклабившись мордой

он лучше бы дизельный вставил движок
соляркой богата округа
но пищеварительный орган отжог
и мы поедаем друг друга

шуршат по утрам котофеи листвой
под кронами лип или вязов
но верю что есть и меж кошками свой
хвостатый иван карамазов

под небом где вызрела звездная кисть
он знает кто в мире обидчик
и братца подучит папашу загрызть
за то что он мучает птичек

но истинной правды что вепрь что нарвал
дождутся при жизни едва ли
а что обкурившись исайя наврал
на то и травой торговали

накинутся вмиг с простынями и вот
глаза от сородичей пряча
на койке с уколом покоится кот
в обители скорби и плача

забывший добычу отвергший улов
коль совести кровь не под силу
он свой неразменный на сотню щеглов
билет возвращает кассиру

\* \* \*

*Я поведу тебя в музей...*
*С. Михалков*

над парком возле семьдесят второй
где облака воздвигнуты горой
струится ястребиная охота
там челноками судьбы сведены
восторги фрика с этой стороны
а с той с запекшимся клеймом дакота

невидимая в космосе рука
основу с траекторией утка
свела и свод глазниц одела в иней
в хрусталь снежинки нарядив слезу
у жителя прохожего внизу
рябит в уме от поперечных линий

на всякую полевку или злак
есть отрицательный в запасе знак
чей уроженец подлежит обмену
и в расписной ладье припас харон
на всякого вермеера патрон
на каждую утрату по гогену

как ястреб ради горлицы своей
ныряет сердце в недра всех скорбей
ища анальный вход по контрамарке
ты ясеневый на весу листок
решай на запад или на восток
не вечно же нам оставаться в парке

**задача о пешеходе**

от родительских потемок
из далекой стороны
шел пешком один ребенок
на веревочке штаны

сам себе он пригодился
быстрой жизнью одержим
он умышленно родился
чтобы тоже быть живым

ходит маленький скиталец
не сворачивая вспять
или даже он китаец
только как им можно стать

лягушат пугает в луже
воду пьет и ест еду
в целом жизнь длинней и хуже
чем мерещилось ему

из событий понемножку
лишь небесные тела
сочинить мне что ли кошку
чтобы тоже с ним была

жиже свет и звук не слышен
где резон идти вперед
кто пешком из детства вышел
так ребенком и умрет

небеса полны печали
солнцу с дерева не слезть
если вы его встречали
значит это он и есть

## ночная симметрия

под утро каренину снится
что в принципе он паровоз
и как ему с толку не сбиться
упершись в такой парадокс
на анну сопящую рядом
на пара астральный полет
глядит электрическим взглядом
протяжный сигнал подает

луна над генштабом лучиста
васильевский быстр как нарвал
он к доблестям кавалериста
напрасно ее ревновал
писали что в сербии помер
а здесь предвкушенье внучат
от тихого счастья меж ребер
колеса на стыках стучат

и снится в пути паровозу
как язву забыв и цистит
он принял придворную позу
и орденом новым блестит
над ним меж светящихся точек
натянута ночь тетивой
и тело наутро обходчик
на рельсах найдет путевой

\* \* \*

искусство соблюдать приличия
теперь предписано везде
и даже манию величия
держать приходится в узде

скрывать бесчисленные доблести
задор маскировать хитро
хотя в любой на выбор области
заслуг имеется ведро

попрятав зеркала для верности
от всякой встретившейся мне
отполированной поверхности
держусь нарочно в стороне

а где устроят встречу гения
с бадьями водки и борща
теряюсь от недоумения
как бы виновника ища

но сам-то знаю что в основе я
куда как качеством неплох
кумир великого сословия
бацилл и повелитель блох

## письмо с фронта

с соней в червленом поле вымпел над нами
до ветру сбегать и то почитай победа
тысячи суток киснут мослы в канаве
все как один персонажи чужого бреда
снимся фантому чью осаждаем крепость
я ли не предупреждал что война нелепость

нервы канаты волю сравню со сталью
пишешь из рва зазнобе помешкай годик
с песней вернусь в село и с порога вставлю
кучу заочных здесь изучил методик
мучая ночью орган каким природа
нас одарила для продолженья рода

молча сражаемся ни матерка ни чиха
тряпкой обито ведро и ворот колодца
нужно держать осаду предельно тихо
выдержка прахом пойдет если он проснется
крепость сидит на горе как на яйцах птица
солнце примерзло к небу не шевелится

только и ждешь от сержанта подвоха сзади
даром брюхаты все суслики и вороны
должен же быть хоть какой-то исход осаде
но ни броска на бруствер ни обороны
пишут далеким дролям сомнений чужды
тупо бисквиты жуя и справляя нужды

слабое место скорее не зад а лица
весь их набор как от мордобоя синих
видно по всем что смертельно устали сниться
но прекратить лишь в его а не в наших силах
только под горн побудки и вспомним кто мы
спящие до одного как и он фантомы

**адресат поневоле**

но дряхлей и старинней всего
представал если прочего мало
дом без двери у въезда в село
то есть там где село пустовало
то есть не было в нем ни души
даже ближнего кладбища тише
а из луж на полу камыши
пробивались сквозь бывшие крыши

помнишь праздник цветы и толпа
увертюра с литаврами в зале
кем ты был в этой пестрой тогда
полуяви и как тебя звали
не упомнишь конечно прости
медью вымысла спаянный с теми
кто растил себе плоть на кости
а с тех пор просто искры в системе

ты прошел всю постройку насквозь
воздух тверже чем стены бы если
там письмо в четвертушку нашлось
на просевшем за давностью кресле
может почерк и был не весьма
моль и ржа все равно не спросила
только серая тень от письма
только первое слово спасибо

но однако спасибо за что
и к кому обращаться с ответом
если в копоти сердце зашло
над пожухшим и выцветшим светом
октября пожилого желтей
с неживым экипажем похоже
в нем плохих не осталось людей
но и добрых не водится тоже

уж не сам ли ты весь адресат
возвращенец в реал или в сочи
в мир который от дней полосат
в промежутках теснящейся ночи

в сетке звездных нарывов и ран
высоко над пустыми лесами
если первое слово обман
а последнего не дописали

## баллада о солдате

там где с адом наш свет одинаков
на отшибе юдоли земной
мы с потемкиным брали очаков
сам вперед и братишки за мной
не малюткам рассказывать на ночь
лучше правду за вымя не трожь
что творил там григорь алексаныч
за геройство таврический тож
как вломились сусалами в саже
под мортирный твердеющий гром
одному губернатору даже
обналичило яйца ядром
как подводами после возили
по сей день чуть вздремну и кладу
эти трупы во славу россии
примерзать на лимане ко льду

возвращусь я к тому водоему
где из брюха змеится кишка
чтоб из фляжки а как по-другому
угостить напоследок дружка
опознаю жмура без усилий
сам же камнем пометил тела
и скажу ему здравствуй василий
хоть и смертью убило тебя
и конечно увижу ахмеда
как я саблей его пополам
для чего-то в ту пору победа
над ахмедом понравилась нам
на курьерских доставили спешно
государыне матушке весть
и всплакну потому что конечно
я тот самый василий и есть

говорят что однажды растает
от последнего солнца вода
государыня снова расставит
нас в былые шеренги тогда
мы покойники страх нам неведом
потому-то подгнивший дружок
и сидим у лимана с ахмедом

с остальными костями в кружок
напою бусурманского братца
научу его залпом до дна
скоро снова за сабельку браться
да поди заржавела она
кто преставился не умирает
и сметая ненужную плоть
размерзающих нас озирает
одноглазый в медалях господь

## в парикмахерской

откуковал в логу немало лет
морщины как на кителе нашивки
но все-таки тебя на свете нет
в пределах статистической ошибки

из воздуха подпасок слюдяной
над стадом укороченной саженью
припомнить бы которой стороной
тут зеркало подносят к отраженью

вот обрасти хоть форменным ежом
сядь в кресло парикмахера в печали
спроси его в упор кого стрижем
ответом лишь пожатие плечами

по вечерам когда закат багров
и прочие привлечены приметы
снимает мрак волосяной покров
с пупырчатого темени планеты

под слоем шерсти просто шестерни
жизнь обнажает ржавую пружину
там ребрышки творения одни
единственный скелет на всю дружину

ступай себе наутро снова в лог
маскировать пружину и колеса
ты слыл своим скелетом сколько мог
не склеилось и впредь не будет спроса

## ИНСТИНКТ И ВОЛЯ

взять паука он собственно скотина
иной чем человеческий металл
в нем есть однако vis aestimativa
кто у фомы аквинского читал

и если он в сетях завидит муху
то мигом расторопен и толков
паук рожка не приставляет к уху
не достает из сумочки очков

он яростно укусит муху эту
напустит яд для пущего вреда
и муха превращается в котлету
мать и сестра теперь ему еда

паук бессовестен но мы-то люди
сосуды интеллекта и стыда
перекрестим что подадут на блюде
но все-таки урча съедаем да

пусть камешки швыряют злые дети
стрижа сшибая в гордом вираже
а я из тех кто выбирает сети
в которых есть фейсбук или жж

последователь ганди и толстого
постом утихомирю аппетит
и мух не ем из принципа простого
ну разве в рот какая залетит

\* \* \*

чужие бы прошли и не узнали
а для меня как заново домой
когда из всех миров в музейном зале
он без ошибки указал на мой

там бег времен не различить снаружи
слепая цепь созвездий и систем
но в жизни было бы намного хуже
когда бы не было его совсем

пусть времена река в которой канем
и там внутри туманности одной
я сам уже века лежу под камнем
с березами в зените надо мной

но звездные в стекле мерцают сети
любовью неистраченной сквозя
как радостно что жил на этом свете
и больно как что заново нельзя

## угол зрения

я трудился обходчиком на полустанке одном
то да се по хозяйству и жил бы себе постепенно
но с полгода тому аккурат под моим полотном
двинул речь предместком и зарыли меня под шопена

разводил бы кролей только дохнут у нас от жары
все в район собирался кино у них там или книжки
а теперь если б даже и были в орбитах шары
перспектива тесна ни хрена не видать кроме крышки

ты в натуре братан я такие расклады ебу
этот прелый пиджак и к труду неспособная поза
ведь не ленин же я чтобы круглые сутки в гробу
да и ленин бы был нулевая отечеству польза

хоть бы даже и памятник на постаменте таком
как в районе где массы подвыпив гуляют под вечер
вот и стой истуканом с фонариком и молотком
ни болта не подтянешь и рельсы остукивать нечем

тут порой за неделю вообще не расстелешь кровать
все спешишь и стучишь и составы несутся полями
что за прок ветерана путей глубоко зарывать
и чего вы прилипли ко мне со своими кролями

что в гробу я видал это книжки и ваше кино
хоть оно без привычки и умное слово останки
западло мне валяться когда моя смена давно
если ясно что все под откос на моем полустанке

\* \* \*

когда я воскресну то буду грибом
в знак кармой оказанной чести
и стану расти деликатно в любом
тенистом и пасмурном месте

кокетливый будет беретик на мне
хоть листики правда прилипли
а то что утоплена ножка в говне
так мы и при жизни привыкли

я буду награде чувствительно рад
мой жребий мне выпадет честно
а то что однажды найдут и съедят
по счастью грибу неизвестно

ежи пожирают без жалости гриб
он служит насестом под жабой
но все же опасности нету от рыб
моржей или тигров пожалуй

зато у масленка покладистый нрав
не спутаешь с шершнем и коброй
и смертию смерть однозначно поправ
растет он красивый и добрый

## письмо первоклассникам

школа была непроглядной тюрьмой
мира не выправил с нею
как одержимый стремился домой
в ужасе что не успею

завуч всегда педофил или пьян
подлость любая оценка
долгие годы придумывал план
тело спасти из застенка

только проблема по-прежнему в том
с каждым отсчитанным годом
что по сей день не отыщется дом
место откуда я родом

в долгом ущелье где мрак и зима
в саже прохожие рожи
нагромоздили другие дома
вовсе на мой непохожи

желтый от ужаса в детском аду
жизнью пожертвовав стуже
думаю хоть наугад но войду
вряд ли окажется хуже

кажется цель поправимо близка

рысью на плечи печаль и тоска
бегство придумано даром
парта линейка в разводах доска
завуч с густым перегаром

## на пристани

все сходится он должен быть живой
он в ящике своем лежал притворно
на службу положил порвал с женой
и в ницце вынырнул или в ливорно
в каком-нибудь из неизвестных мест
на скудном хлебе и насущном луке
на что он пьет себе и что он ест
неважно и неведомо науке
бликует время как в немом кино
с экрана гранулированным светом
и ясно в зале чем бы без него
был этот мир но больше мы не в этом
с реальности соскабливая слой
он снял всеобщий и оставил свой

удобней сердцу скрыться на виду
с причала чайкам скудный хлеб по крошкам
мы тоже как один в его бреду
нам безопасней здесь чем было в прошлом
немеряна до пристани верста
из мест где шрифт гранитом и ограда
и вечность эффективна и проста
как сумма расходящегося ряда
пусть к пантеону с песнями толпа
искомое окажется едва ли
в том ящике в который мы тогда
его так тщательно упаковали
не молчаливей чайки чем жена
но фильм немой и в зале тишина

## черное и оранжевое

завтра на этот бедный богооставленный остров
чьи углеводороды выкачаны почти
высадится десант инопланетных монстров
челюсти из титана лазерные зрачки
больше уму не тайна их членистоногий норов
явственней костный хруст и кровь солоней с утра
долг наш теперь последний вахта у мониторов
все ж мы писатели сука каторжники пера

если еще не вычислен и не опознан кем-то
черного золота перстни ботокс в зобу и газ
их эмиссара-андроида засланного агента
брустверы фиораванти уберегли от нас
вот вам гипотенуза от фсб до госдумы
рев звукорядом с неба чин человечий плач
скопом у стен напоследок несторы-аввакумы
вслух отчислений алчут премий и прочих дач
бороды и хоругви с гиканьем мчатся мимо
высечь личину страха из каменистой тьмы
но о последних днях обреченного на ночь мира
кто в пустоту расскажет если не с вами мы

когти искрят брусчаткой панцири из нефрита
ну же врубай стрелялку с яви срывай слои
морда у монстра набок в ботоксе но небрита
маска теперь обуза раз все на подбор свои
жми на гашетку автор сами добудем в чем нам
творческие союзы отказывали века
нет никаких других мы и есть эти люди в черном
или в оранжевом даже нам слишком темно пока

\* \* \*

над онегиным и ленским
правую вперед
плохо слышно кто-то женским
голосом поет

край саамский след литовский
дым кремневых стрел
этой партии чайковский
не предусмотрел

буквы алые ложатся
на последний лист
мог и лермонтов вмешаться
больно путь кремнист

в сизых сумерках эпоха
музыка орбит
жалко слышно очень плохо
если кто убит

не из китса не из донна
устные слова
снега северного тонна
музыка своя

неотвязно с текстом розно
правда или ложь
вслушайся но слишком поздно
если все поймешь

\* \* \*

улитка улитка рогатый зверек
уныло ползущий по свету
летать ты им что ли давала зарок
зачем твоих крылышек нету

не дрогнет воздушных течение струй
твой чуб непослушный пригладить
а ноги хоть даже они существуй
к такому шасси не приладить

и нищий в котором ты сохнешь одна
над книжкой в жару или в стужу
сиротский твой дом без дверей и окна
с единственным лазом наружу

что пользы на мир утонувший во лжи
из маленькой пялиться жизни
другие вообще от природы бомжи
бездомные в кустике слизни

без шанса в блиндаж добежать малышам
на звук материнского клича
такое животное даже мышам
несложная к ланчу добыча

мы эвкариоты я родом из вас
присядем сестра на минуту
темнеет в орбитах от втянутых глаз
и брюхо прилипло к маршруту

давай мы своих сосвистаем скорей
сомкнетесь в ряды и споете
мы поле улиток от гор до морей
раз выхода нету в полете

не вытопчет племя подошва врага
ступайте в нору человеки
созвездий касаются наши рога
и к панцирю панцирь навеки

# фанфик

ты помнишь наверное эти края
мне баснями память не парьте
отчизны в оглоблях моя и твоя
с резьбой непристойной на парте
с младенчества бред михалкова с барто
назгулы с трибуны в квадратных пальто
на каждой макушке федора
стенала страна под шипастой пятой
мы шли в непогоду по местности той
кольцо вызволять из мордора

пятнадцать колец для погибших сердец
готовить к забою пятнадцать овец
которым свои носовые тверды
стальное для тронного зала кремля
чтоб править назгулам и овцам веля
и семь про запас из орды

ты помнишь в последний мы верили раз
взлетали копье и дубина
и гоблины злобно глядели на нас
в упор в кинескопе рубина
мы жили тайком языки проглотив
где речь обрывается в ненорматив
но стену обрушили сходу
и тени в зените прервали полет
все кольца растаяли в тигле как лед
последнее кануло в воду

пятнадцать колец возвестили конец
которые выковал мертвый отец
с конями чудовищ смывала река
отцовский на детство не действует страх
хоть нету колец у потомства в ноздрях
с последним проблема пока

и вот мы стоим у финальной черты
твердыни мордора второго
где отблески касок и морды черны
а кровь на брусчатке багрова
скелетом стуча на примерку оков
сосюру из башни зовет михалков

барто посочувствует тане
но жертвенной плоти не тронет огонь
отрубленный палец родную ладонь
найдет на небесном майдане

**чайник**

чуть полгода прочь приезжает всадник
мы сидим в избе на овсе и квасе
разбирает задвижку меняет сальник
отбывает дальше по снежной трассе
в остальные слабые пункты схемы
это кровь земли на которой все мы

мы живем не помним с которой даты
на снегу кругом кровяные пятна
иногда на запад толпой солдаты
иногда другие бредут обратно
хорошо оставят с полмиски каши
недопитый штоф вот и хватишь лишку
кто тут враг пойми а какие наши
все лучину жжем да читаем книжку
научили нас кирилл и мефодий
год слагается из двух полугодий

есть места на свете где меньше снега
даже слово у всадников есть погода
там вода как из чайника льется с неба
там светает чаще чем раз в полгода
приходил медведь почесать загривок
арматуру запорную снес как спичку
рыбаки в той книжке ловили рыбок
но пришел чумовой и закрыл кавычку
вот последний с алыми галунами
опростает кружку попросит супа
вечный чайник милость пролей над нами
полуштоф бегом из буфета сука
со стрехи солома и воздух спертый
мы считали всадников он четвертый

## свет в конце

снова грохнуло в шпурах тряхнуло на крепи огни
мы тянули в базальте тоннель до последнего пота
все как черти в аду месяцами не видишь родни
здесь маркшейдер не имя еврея а просто работа

этой лажи не ждали он прямо лежал как игла
проверял буровые там в пробах ни лесса ни ила
только вдруг поперек нежеланная жила легла
застонала порода и нас со спины завалило

кислорода в обрез развернуть я бригаду не мог
там кварцитом обратная трасса битком до стропил вся
мы последний тротил заложили в последний рывок
метров десять по курсу последний базальт расступился

я пишу этот текст на колене пристроив блокнот
хоть вокруг ни фотона наощупь что нос что ключица
в безнадежном расчете что кто-то из прошлых всплакнет
и рассеется мрак и живой человек огорчится

неподвижен язык разведенного наспех костра
на сетчатке завис и не светит стеклянный он что ли
здесь была бы хоть боль по оставленным близким остра
но уже ни любви за пробитым базальтом ни боли

это черное небо не помнит ни звезд ни планет
не с чем сверить маркшейдеру летосчисление ада
утверждал же философ мактаггарт что времени нет
только это в тоннеле а тут его больше чем надо

потому что прописано не исправленье а месть
и живые пыхтящие следом уже не родня нам
потому что искомая вечность действительно есть
но не движется с места и вся оказалась обманом

\* \* \*

как дубы в декабрьский мороз одевает иней
так при встрече с драконом или подобной мразью
утверждал исидор севильский и старший плиний
ихневмон себя покрывает засохшей грязью
без просветов подробно чтобы забила ноздри
до истоков хвоста обеспечивая преграду
огнедышащей пасти и лапам врага а после
извернувшись червем впивается в глотку гаду
не поклеп на рептилий предки на страсти падки
но не так ли и мы накануне последней схватки

вот уже обложили не ждите напасти хуже
неизбежен финал без отпора свирепым сворам
больше некогда ждать и каждый с рассвета в луже
с головой по рецепту плиния с исидором
если будешь в лакедемоне путник поведай
мы ударили в грязь лицом но горды победой

**смерть поэта**

вот сбегают к бухте горы
зависают над водой
там стоит считая годы
драматург немолодой

над юдолью слез и праха
размахнул орел крыло
обмирает черепаха
в мощных лапах у него

в перьях бешеная сила
словно молния в грозу
быстро лысину эсхила
хищник высмотрел внизу

видит будто бы комета
в золотом сиянье вся
вмиг роняет на поэта
пресмыкающееся

череп кровью намокает
от беды в глазах серо
и навеки умолкает
в мире вещее перо

век проходит лавр увянет
пень разносит от колец
так и нам с тобой настанет
неожиданный конец

только б светлая эллада
в памяти не умерла
только вверх смотреть не надо
на финального орла

## сольфеджио

как надо петь проспектам и мостам
шиповнику и придорожной пыли
чтобы все предметы по своим местам
расположились и в дальнейшем были

с объектами такой величины
управиться на свете непогожем
нам нелегко мы петь обречены
мы просто больше ничего не можем

когда у нас ослабнут голоса
на траверсе зимы к ее приходу
пустеющего спектра полоса
пронижет обнаженную природу

когда растают тени и тела
кто опознает в отголоске малом
вселенную какой она была
напетую любительским вокалом

июль в проеме дачного окна
и сердце сильным пульсом как столица
останься здесь хоть иволга одна
секунд на семь пора еще продлится

последняя без эха и молвы
сквозь вакуум мерцающая еле
но это было все что мы могли
когда стояли у окна и пели

## в саду

товарищ чепурный спускается в сад
со смычки с народным китаем
здесь туши казненных на грушах висят
а мы остального пытаем
нам добрыми быть неудобно при них
без строгости мудрой нельзя им
не то белочех он не то белонивх
огонь разведем и узнаем
проверит товарищ щипцы и тиски
и сядет отечески с краю доски

товарищ чепурный такой же как мы
на нем чешуя и копыта
четверка очей из-под лобной каймы
сноровка на курсах набита
а ветер колышет на грушах зады
до грунта сгибаются груши
мы суп мастерим из амурской воды
и визг в этом супе все глуше
нам отдых душевный лишь снится порой
закончим допрос и начнется второй

а сад в пароксизме весенней красы
кукушка колдует в дупле нам
мы видим товарищ взглянул на часы
и пленного в темя поленом
не скоро свободной проснется страна
в наш век бестолковый и бурный
где правда на свете какая она
ответь нам товарищ чепурный
мы как никогда к этой вере близки
хоть в потном труде и свирепы
чем тверже в работе щипцы и тиски
тем ярче духовные скрепы
запомните люди счастливой земли
как груши вовсю в приамурье цвели

**в гостях**

впустила спросила подать ли борща
и борщ приземлился на стол трепеща
слепой бы не спутал со щами
с прекрасными в нем овощами

не помню которого толком числа
шестом подпирала калитку
и рюмку опрятную мне поднесла
не враг я такому напитку

а в темном окошке клубилась пурга
густые леса и пустые луга
свинцовой пятой подминая
чтоб речь не возникла иная

вся тайна столетий казалась проста
с возвратным хронометром пруста
пока мне легко проникала в уста
просторная с ложки капуста

над нами звезда напевала звезде
о снежном покое и санной езде
о вмерзшем в торос крокодиле
а годы меж тем проходили

звезда прозревала грядущее в нем
ища поселить добровольца
но я оставался реликтовым пнем
на ком обозначены кольца

минует природа но вечен кощей
чей борщ состоит из простых овощей
он пьян и печалиться глупо
раз водки хватает и супа

## ананке

вспыхнул красный на линии девять
в аппаратную просят пройти
там уже ничего не поделать
все контакты разъело почти
этот модуль вообще обесточен
медным тазом накрылся пентод
он и прежде фурычил не очень
заискрило под платой и вот

я дежурной ору в интеркоме
мол шалава ищи запасной
на балансе ни гвоздика кроме
трансформаторной шины одной
уверял же изрядный профессор
в семинаре на курсе втором
что не выдержит ветхий процессор
испытания злом и добром

значит в топку вселенная эта
отсвистела в своем январе
не сыскать пятипалым ответа
на вопросы о зле и добре
мы пыхтели на тройку от силы
в эту сессию вот и в куски
бестолковые зимы россии
чумовые в сахаре пески

хоть бы хны этой стерве дежурной
ей чужие просчеты легки
полирует в сортире над урной
локтевые шипы и клыки
тает космос в неоновой туче
в мертвом мире па круг пи души
дайте срок я попробую лучше
извините меня малыши

## железнодорожные страдания

слышь браток закури сигарету
осуши свою стопку до дна
расскажу тебе жизнь по секрету
чтобы понял какая она

поначалу водила по кругу
пил-гулял на пляжах загорал
а потом я зарезал подругу
и меня увезли за урал

там понятно базар со своими
с воровским тусовался полком
только тут меня в секту сманили
стал я богу молиться тайком

и от этого ихнего бога
я узнал наступает хана
как прищуришься в небо немного
роковая планета видна

мерзлоту окаянную роя
ум допер содрогнулись сердца
в целом свете не сыщешь героя
чтоб сумел избежать пиздеца

наставлял же нас кормчий премудро
что полундра и всюду враги
и явилась подруга под утро
вся в кровище и шепчет беги

вот и маюсь где рубль где полтина
современникам тайну открыть
а ты даже полстопки скотина
не желаешь предтече отлить

хрен в кремле или бесы в погоне
доберутся вот-вот и до нас
неспроста мне в четвертом вагоне
съездил в рыло один пидарас

вся столица накроется вскоре
следом тверь и творенье петра
ой ты родина горькое горе
мирового атаса пора

**попытка с негодными средствами**

у стрекоз там или у белок
у ольхи в зеленом плаще
выбор жизненный крайне мелок
если выбор иметь вообще
ну а что говорить о нашем
срок пробьет и в родном краю
все травой порастет что пашем
все что строим рухнет в траву

оттого мы еще до срока
чтобы пот не мрачил чело
пашем землю не слишком строго
и не строим здесь ничего
кроме праздных иллюзий позы
иронической на пятак
что мол мы-то и есть стрекозы
или белки как бы не так

выдают нас мослы и масса
близость к носу съехавших глаз
слишком много дурного мяса
слишком мало воздуха в нас
лучше каждый к своей тарелке
дохлебаем щи и уйдем
ну а если останутся белки
и стрекозы то все путем

## sola fide

неподвластную лету
где в снегу сновиденья белы
кто-то верит и в эту
беспробудную землю беды

там где небо вбивает
сваи звезд между мерзлых камней
а другой не бывает
хоть и вера упорно о ней

на гряде или в груде
голышей догорают миры
лишь упорствуют люди
что друг другу взаимно милы

но пустыми листами
остаются песцом и совой
потому что устали
каждый день просыпаться собой

рождена под авророй
поражать миражами земля
с человеческой сворой
ей без звезд и торосов нельзя

алый впрозелень слепок
с мавзолея подземных царей
лишь бы пульс напоследок
чтобы время стучало скорей

**заметки подозрительного**

как знать что мысли в голове
не подлые предлоги
что человек владыка дум
а вовсе не слуга
и твердо верить что кефир
продукт родной природы
а не пришельцы завезли
чтоб нас сводить с ума

с чего бы вдруг по вечерам
сомнамбуле подобно
когда впиваются в лицо
зрачки багровых звезд
я в панике ищу носки
и выхожу под окна
в наш супермаркет на углу
на свой печальный пост

ведь я не вовсе остолоп
не раб рекламных теле-
истерик за кого у них
кровавая резня
он там в молочном на виду
всегда стоит отделе
и я хватаю сразу две
хоть мне одной нельзя

а в небесах уже следят
оповещая недра
пока мы отводя глаза
снуем по сторонам
и с новым рвением в состав
подмешивают щедро
все то что искони в кефир
подмешивают нам

знакомый ступор наступил
в пыли умолкла лира
а то и третью докуплю
вдобавок к первым двум

былую удаль свел к нолю
ночной глоток кефира
и свечкой соевой в очках
последний гаснет ум

## метаморфоза

солнце фасеточный слепок дневной
в сучьях сверчки сладкоусты
ласково шепчут в раю надо мной
листья тенистой капусты
обетованный повсюду покой
мир обретенный по мерке
время задуматься кто я такой
личность подвергнуть проверке
крылья в орнаменте усики есть
ног по условию шесть

как деликатно упрятаны швы
стыки в цветном пластилине
где они точное небо нашли
сад из чего смастерили
долго я листья постылые грыз
время довериться ветру
гусениц тянет смятение вниз
бабочек музыка кверху
вечер в окошке затеплил свечу
вот я куда полечу

\* \* \*

попутчик совал сапоги в стремена
над шапкой свистела эпоха
была у нас в детстве родная страна
вот только запомнили плохо
мы братья-найденыши нас в решете
спасли бессловесными добрые те
кто после вскормил на чужбине
и мы возмужав возвращаемся в дом
за садом вишневым за рыбным прудом
наверное в ближней ложбине

вот спешились оба с крыльцом наравне
к поре возвращения с поля
и видим вся хата пылает в огне
в руинах амбар и стодоля
вперяясь орбитами в блеск пустоты
вповалку что люди лежат что скоты
забрали всю утварь и сбрую
обугленным цветом сирень отцвела
винтовку мой брат отстегнул от седла
и мне предлагает вторую

отныне мы воины в битве святой
рабы безнадежного дела
последние мстители родины той
что нас полюбить не успела
не надобно нам ни попа ни врача
покуда винтовка в руках горяча
мы поздно припали к основам
но жизнь продолжается правда как сон
на том языке на котором ни он
ни я не владеем ни словом

**in memoriam**

ты спал неспокойно сегодня
в кровавых расчесах белье
приснилась небесная сотня
последняя стража ее

живьем незаметно для близких
чьи слезы стекали слепя
ты к спискам прокрался но в списках
нигде не увидел себя

наутро цело твое тело
каким его жребий сваял
стреляли но вас не задело
где ты с остальными стоял

поэтому он и короткий
как шорох песчаный в горсти
последний из списков в который
живых невозможно внести

**краткий курс**

по оттискам по отложеньям пыли
определят что мы однажды были

и примутся гадать о нашем свойстве
о внешнем виде внутреннем устройстве

где жабры почему сердца не справа
как вымерли какого были нрава

грех отрицать мы были бы добрее
не столь бы строго стерегли границы

когда б не эти пейсы на еврее
кинжал на горце чуб на украинце

в глазах при встрече вечные вопросы
у нас круглы а у других раскосы

у них стояло а у нас лежало
и нас конечно это раздражало

поэтому мушкеты и пищали
смола со стен и вымпелы повыше

мы так себя отважно защищали
что землю унаследовали мыши

бурундуки и мудрые микробы
что с оттисков теперь снимают пробы

свет истины угас и им неведом
мы пыль для них с ее затертым следом

## мемуары бакенщика

я пишу от чужого лица но лица не помню
за окном перебранка порогов и водопада
за отпущенный срок река превратилась в пойму
никому и в помине столько воды не надо
я не знаю ее названья по той причине
что однажды просто пришли и мне поручили

пропадает вода ни за грош в океанской яме
пляшет месяц над ней в маскараде своем двурогом
объявись корабли я следил бы за кораблями
но куда хоть фелюге на рейд по таким порогам
только баржа в дюнах алым ржавеет пузом
с неизвестно куда недошедшим столетним грузом

я пишу о том что воды непомерно много
все мокрее зараза с годами на взгляд и запах
если в штате у них предусмотрена должность бога
то совет ему мой перепонки растить на лапах
я на этой реке на бакене на сигнале
но без памяти как обозначить ее себя ли

если бог к мосткам пристанет в образе строгом
вопрошать подбив итоги взносам и числам
что я сделать успел с отпущенным щедро сроком
я навстречу выйду с насосом и коромыслом
чешуей блестя и вибрируя плавниками
за путевкой на отдых в гоби и атакаме

**отдых после боя**

голова под струпьями брусчата
горизонт из горницы горист
хороши мордорские девчата
хрипло загундосил гитарист

за нутро умеет падла трогать
а не то бы с лестницы взашей
я о клык затачиваю коготь
чтобы им охотиться на вшей

шторм реминисценций чувств цунами
в сердце страсть зазубренный кинжал
вспомню ли как там за валунами
самую кряжистую прижал

крепкозады как солярка пылки
уведешь зубастую в поля
что нам их поганые эльфийки
тощие как летняя сопля

хоть и вшей немеряное море
ночью нас потешат от души
как ни кинь а тут в родном мордоре
девушки уж больно хороши

\* \* \*

рухнут сумраком веки на вие
звездный блик упадет на плиту
мы на фото стоим как живые
с непроглоченной речью во рту

в день когда я вернусь к перегною
позвонками к сосновому дну
положите под крышку со мною
фотографию эту одну

где ни зверь не достигнет ни птица
тех чей в зеркале образ немил
чтобы в вечности мне убедиться
что таким я действительно был

от опарышей ум отвлекая
прободающих тело винтом
что была ты однажды такая
а не полое место потом

наши лица тогдашние эти
каталог упраздненных планет
потому что мы жили на свете
дубликата у милости нет

нам иной не навяжут повторно
чем короткая участь своя
в быстром мире где тленное горло
извлекало из мозга слова

## смерть переселенца

в космосе густом и непримятом
вдаль геодезической дугой
шел отбившийся от стаи атом
от одной галактики к другой

не примкнув к шеренгам и колоннам
виртуальных отгонял ворон
на одном парсеке забубенном
обронил последний электрон

и пока финальная зевота
вечности не развела оскал
верил что разумного чего-то
неразрывной частью состоял

в тупике сходящегося ряда
о декартову споткнувшись ось
вдруг припомнил в миг полураспада
все что в этом космосе стряслось

вскрикнул где ударила пугая
темная энергия волной
погибаю мама дорогая
насовсем за вакуум родной

так и мы в своем маршруте схожем
словно встарь потерянные те
головы безбашенные сложим
за святую верность пустоте

в городах в очередях в конторах
где ряды в экселе хороши
радиус сходимости которых
всем определяют по коши

## дневник ветерана

поставил палатку и ну проповедовать в ней
что солнце размеченный обруч вертеть перестанет
что дескать осталось количество считанных дней
придет часовщик и на вечность часы переставит

скворцы с воробьями свой брачный умерили пыл
и звери окрест на звериные плюнув повадки
явились из чащ где охотился кто или пил
служили ему и несли караул у палатки

а он возвещал что история пущена вспять
что прежний порядок увы не годится в починку
притихшей толпе предлагая имущество сдать
сулил извержение серы и небо с овчинку

на дальнем краю где проем открывался входной
под солнцем чей луч оказался и впрямь фиолетов
теснились и мы любопытно с подругой одной
в личине видавших немалые виды скелетов

и оба взаимно взглянув на свое неглиже
пока нам фаланги в пустые орбиты совали
припомнили мигом что все это было уже
на этом же месте вот этими точно словами

поскольку последних времен распорядок свинцов
стопой не смести раз дымится расплавленной лужей
наш свет состоит из одних непрерывных концов
и каждому выделен свой провозвестник досужий

всех слез шлюзовик от которых истлела щека
всей крови нефтяник под вышками в судной долине
крикливый агент неизвестного часовщика
зверей искуситель облезших в своем нафталине

* * *

полузабытые древние зверики
зайка в матроске и мишка на велике
смотрят из пепельной тьмы
будто готовы к свиданию скорому
только стоим по неверную сторону
ненастоящие мы

смыты обманами мы и подменами
стерты зрачки под ажурными венами
парализованных век
смутно в мозгу из чужой биографии
зайка на мостике птичка на гравии
финишный мишкин пробег

мы ли резвились бутузами бодрыми
носом в песочке с совками и ведрами
нам ли бывало дано
матери гордость улыбка соседа ли
где на котором распутье мы предали
их и себя заодно

ждать ли от прежних игрушек прощения
красного в жизни все больше смещения
шире с годами провал
перевербованы девочки мальчики
чей предрассудок где мишки и зайчики
смысл веществу придавал

## последняя смена

голосил что поздно и мол не его вина
что настали дескать последние времена
обуздали в сбрую впрыснули седатива
все же цапнул за локоть изноровясь дугой
под горячую руку выписал раз-другой
перорально ему на момент приумолк скотина

краснота у век потливость под сорок ртуть
мы таких регулярно возим я помню путь
ну помяли чуток так ведь не к алтарю невеста
только в этих пробках риск потерять мальца
доктор тычет влево мол ходу давай с кольца
но ни с места москва ну и мы вместе с ней ни с места

еле сполз к савеловской груз наш и вовсе плох
на последнем чейн-стоксе и больше не ловит блох
не по-русски лопочет таджик оказался что ли
типа лама блин сабахтани и хрен поймешь
вижу доктор в салоне сигналит баста хорош
сделал руки крестом и задвинул шторы

у савеловской глядь где прежний шумел вокзал
и кавказский гость шампур в шаурму вонзал
над равниной гора и скелеты снуют оравой
акробат наверху мертвяки как в кино из рва
а на левой моей где больной укусил сперва
от рентгена косточки прописью
и на правой

## украине

если с четным смешивать нечетное
слишком серым обернется целое
но теперь мы поняли где белое
потому что разглядели черное

распахнули правильно объятья мы
горе ли что краски цвет утратили
раз одни подкидыши у матери
все другие оказались братьями

если жизнь сожмет углами острыми
на стекле узоры счастья выдыши
раз одни у матери подкидыши
остальные остаются сестрами

в этом царстве чета или нечета
мира на две части рассеченного
если с умыслом не видеть черного
белому подавно делать нечего

выходи на площади на паперти
ненадолго угольное в инее
белое навеки будет синее
желтого не вычернить из памяти

\* \* \*

весь полостями укромными полон земной
шар где пространства и времени склад запасного
там все что было и не было в жизни со мной
обречено повторению снова и снова

в сумерках недр под парадным портретом себя
вещий кощей принимает дитя в пионеры
мигом десница в салюте взлетает свербя
челюсти артикулируют символом веры

прыщ на носу и вообще по всей морде угри
верности родинам вредный вибрирует вирус
так бы и выпало вовремя я не умри
так бы оно и случилось когда бы я вырос

странно скитаться поверх пустоты и стыда
россыпью камни и купол вверху бриллиантов
только и места где выбор у всех навсегда
только за гробом где твердо и нет вариантов

**nearer my god to thee**

из нахмуренных туч налетает норд-ост слезя
в океане под килем киты и прочие гуппи
для кого она бездна а этим китам стезя
мы на палубе с беном оба в альтовой группе

остальные на суше кому хорошо в тепле
посидишь у камина и санки потом да лыжи
и тогда заиграли ближе боже к тебе
потому что как ни вертись а реально ближе

угадай в этой спешке куда повернет судьба
помню раз приезжал в перманенте один из вены
два часа отпилили не утирая лба
а чего не сыграть если в музыке нет измены

налегаешь на форте чтоб вытеснить шум аорт
пассажиркина шляпка адью лишь по ветру лента
это бену мерси это он заманил на борт
а поди откажись если нету ангажемента

от ненужного ужаса судорожны зевки
все шеренгами к шлюпкам в пятках смертные души
почему вдруг пришла на ум эта песня земли
потому что уже никогда ни земли ни суши

но когда надо мной и над ним сомкнулась вода
а смычки как по маслу на слух ни малейшей фальши
мы решили с беном что в музыке нет вреда
мы играли дальше

\* \* \*

попятились в покинутый предел
страны что предкам родиной служила
прожектор в небо гиблое глядел
в курантах медно лязгала пружина
спроваживая призраки туда
где встарь у них стояли города

вот вышли к ратуше откуда бил
фонтан огня и гул струился к лугу
где выл снабжая скудным светом тыл
последний генератор на округу
но постепенно высосал и он
отмеренной солярки рацион

на площадь клубами валила тьма
стирая ластиком мосты и церкви
лишь монумент случайного ума
светился конным истуканом в центре
всем взнузданным лицом в лицо луны
просторным крупом к островам природы
которые как прежде для любви
для ненависти стали непригодны

**сирень**

всей кожей обещание жары
небесной рати синие шатры
с грозой за праздником ее привала
ты помнишь ночь в зачеркнутом году
где плоть без предисловий пировала
на облачную взгромоздясь гряду

скажи что помнишь все скажи что да
что грудь в ладонях ерзала тверда
дудел удод и молния заела
в былом логу ни ревность не страшна
ни изморозь и ты еще хотела
сирени но сирень уже сошла

не говори что нет что все мираж
что выплеск бывшей памяти не наш
июльский азимут до сеновала
наощупь через чьи-то кабачки
где нам ступни планета целовала
пока на ней мы были новички

все роли розданы сценарий прост
смотри какая сутолока звезд
они давно шатры свои свернули
им дан сигнал похода и вперед
и если мы не в очередь вздремнули
то просыпаться некому черед

анабиоз не размыкая глаз
без памяти отшелестевшей в нас
пока в логу где небеса синели
лишь тощий хвощ да вялый молочай
топорщатся но не сыскать сирени
есть прорва звезд а вот сирень прощай

**тайна переписки**

когда мы все беспрекословно вымрем
от вечной жизни схлопотав отказ
слонам и слизням бабочкам и выдрам
настанет время отдыха от нас

они получат полную свободу
проспавшись и позавтракав слегка
гулять по площади или собору
без дроби в заднице или силка

и там где парк врезается редея
в жилой массив прохожему бобру
или лосю придет в башку идея
слегка погрызть древесную кору

он даже может выбрать надпись нашу
попробуй из-за гроба проследи
где перочинное никита дашу
с мичуринским сердечком посреди

в любом логу где уломал кого-то
и кольца ствол посмертно наслоит
большая с документами работа
животному на свете предстоит

побег на волю времени и места
вот собственно и вся обойма бед
которую с эгейского насеста
психический нам перечислил дед

деревья с полуграмотным недугом
но с ластиком целительной смолы
да выдры перелетные над лугом
и ласковые на заре слоны

### симптом отсутствия

среди полуночного мрака
фантомных событий и тел
мне снится большая собака
какую я в детстве хотел

всех прочих и толще и выше
до холки допрыгнешь с трудом
хвостом и ушами до крыши
такая большая как дом

чумазой как свин и отпетой
при свете ее ни следа
зачем они именно этой
лишили меня навсегда

я детской чурался забавы
природу в обмане виня
за годы свои без собаки
за всю ее жизнь без меня

пускай в ситуациях разных
я был развлекаем игрой
не только животных прекрасных
но также и женщин порой

но тени все ниже ложатся
в чужом непохожем краю
приходится в сон погружаться
чтоб эту потрогать свою

из всей магистрали кротовой
несущая вынута ось
отменой собаки которой
мне в детстве иметь не пришлось

где ночь пролегает преградой
снега не сойдут по весне
и жизнь оказалась неправдой
как эта собака во сне

\* \* \*

взгляни в колодец лестницы
глазами посвети
в отверстие предвестницы
последнего пути

как пяденица с дерева
как шустрый шерпа с гор
в меандровый и стерео-
скопический узор

из облака проколота
сквозь темя вертикаль
чтоб взгляд быстрее молота
в пространство вытекал

спроси у бездны шепотом
куда она потом
струится ржавым штопором
вгрызается винтом

до магменного устьица
преодолев прогон
душа однажды спустится
а вверх уже пардон

### невеста

в четверг доели сухари и гречу
но путники из первого звена
внезапно объявились нам навстречу
с известием что впереди стена

а мы со скарбом с детскими вещами
там типа жизнь у нас и все дела
но в точности сбылось как обещали
стоит стена из черного стекла

где лесу быть положено и речке
там черный гребень до небес высок
одна с досады камешком в колечке
царапнула и весь алмаз в песок

мы побросали все что с нами было
в траву упали замертво и спать
с утра доели лебеду и мыло
дождем запили повернули вспять

навстречу вновь растерянно мигая
доносят хоть и в чем тут их вина
разведчики что там теперь другая
стеклянная стена возведена

вот мы стоим кругом луга опрятно
ромашки всякие но в сердце боль
туда нельзя заказан путь обратно
везде стена и можно только вдоль

бликуют стены в отраженных лунах
за правой родина за левой дом
а на руке одной из наших юных
червонное кольцо с пустым гнездом

беспалой лучше стань или безрукой
как рыба в черном русле сатаны
невеста обрученная с разлукой
по обе временные стороны

## эта рыба

в дальних спальных поселеньях
приобняв ее рукой
с мудрой рыбой на коленях
человек сидит такой

навсегда покинув реку
дружелюбней чем овца
эта рыба человеку
вместо матери-отца

если малый лишку хватит
в глаз получит и заснет
плавником его погладит
языком его лизнет

мусор вынесет в совочке
оботрет ему пятак
до утра с его сорочки
отмывает что не так

эта рыба помнит бездны
необъятной ширины
ей подробности известны
и в глазах отражены

по утрам в сортире тужась
проклинает он вино
а она свой древний ужас
снова скроет от него

**отречение**

> *Сосуд она, в котором крыса та,*
> *Иль крыса та, которая в сосуде?*
> *Ю. Гуголев*

сегодня в нью-йорке пасхальный парад
в толпе ликованья излишек
стеной полицейские в центре подряд
повсюду снопы фотовспышек

поэтому дети в восторге таком
и никон у маменьки меток
и папенька-тролль облизнется тайком
на медленный марш мажореток

гульба не обуза забава не труд
хоть свет по краям и надтреснут
обещано им что они не умрут
а в прежних личинах воскреснут

и нынче попутно детей веселя
они по законному праву
явились заверить свои векселя
на вечную эту халяву

но грустная крыса потемок дитя
от спазмов голодных слабея
на девок танцующих палки крутя
глядит сквозь решетку сабвея

она не имеет бессмертной души
погрязла в подземной параше
лишь кошечки в вечность забрать хороши
собачки и белочки ваши

здесь всякий избранника жребием горд
но крыса несчастная эта
из мусорных груд на загробный курорт
вовек не получит билета

небесный патруль не спасет грызуна
он ноль в вашем мире отсталом
до вечера жизнь оборвется одна
пища под ревущим составом

прощайте я в ересь вселенскую влип
молитвы ликующей вместо
излил как придется кощунственный всхлип
из уст на правах манифеста

пусть празднуют массы загробный подъем
скорбя о щенке и котенке
мы с крысой печальной в обнимку пойдем
в ее роковые потемки

\* \* \*

пельмени в зобу и сметана
часы на руке из титана
извивы кота на тахте
но дни календарные скоры
и звезд перелетные своры
на своде небесном не те

пока мы ристая по днищу
здесь кров сочиняли и пищу
случилась подмен череда
кота оковалок тюлений
часы на тринадцать делений
и вспятница это когда

особенно кот этот куцый
фрактальных продукт эволюций
в декартовом поле тахты
не мебель свинцом обивают
такими вообще не бывают
еноты не то что коты

сомнений сезон и оглядок
без выхода в прежний порядок
при всей укоризне коту
жена не бывает трехногой
а может подумай с тревогой
совсем не пельмени во рту

\* \* \*

кто от нас уходит быстро
в беспросветные края
в сруб как с ворота канистра
неужели это я
дряблых членов колыханье
лоб в трагической росе
про чейн-стоксово дыханье
здесь надеюсь знают все
а какой же был хороший
но под жизни тяжкой ношей
нос в соплях и ум в дыму
аж противно самому

не печальтесь и не тратьте
на прощание ни дня
потому что очень кстати
вы теряете меня
в этой жалобной личине
я мешал бы вам и ныл
я ушел по той причине
по которой долго был
жизнь вообще не долг а милость
может быть она приснилась
жаль неведомо кому
камню коршуну коню

\* \* \*

некоторые песни
в мозг внедрены хоть тресни
детства тупой уют
отчего твоего ли
ночью помимо воли
сами себя поют

в пепельном вечном свете
мы пионеры дети
в муках рожавших нас
брокенский слет в астрале
синих ночей кострами
в памяти не погас

память о нас надсадна
там где воздвигли ад на
тысячи верст кругом
ночь над сгоревшим домом
детская песня комом
в горле ее тугом

**песня всадника**

под копытами вражьи просторы тверды
посвист сабли и в мозг запятая
никогда не покину родимой орды
потому что она золотая

потому что хотя и казалось сперва
что прорвемся к чему-то другому
только ржавая до горизонта стерня
лишь табун подлежащий угону

все посулы о пальмах и гуриях ложь
жизнь из мелких составлена выгод
вот расчет из которого грабишь и жжешь
а какой еще в сущности выход

даже ящурной кляче обоза не в корм
эти оксфорды их и сорбонны
ни коварства у них ни азарта ни в ком
чем кочевья сильны и соборны

верховых нескончаема дней череда
у степного промешкай колодца
в том и счастье что кучей на дне черепа
ибо в сущности что остается

мы сведем их посевы повырубим лес
пусть им пост на костях и на клее
и червонное золото наших небес
с каждым новым рассветом алее

### заклинание воды

напрягись вода и капни
вниз на землю где лежат
в несерьезных позах камни
вроде мертвых медвежат

в тучах выставили сети
но удачи не дано
ноль воды на белом свете
люди выпили давно

ангел жажды грянул в бубен
свод прогнулся надувной
перемен теперь не будет
ни с погодой ни со мной

ветошь прошлые заслуги
тщетны опрометь и прыть
все животные заснули
ни одно не хочет пить

спит коровка спит лошадка
быстро солнышко зашло
медвежат ужасно жалко
мы-то да а их за что

машет хвостиком комета
одинокая в сети
погоди хотя бы эта
напоследок посвети

\* \* \*

минует время очередь близка
когда страна в чей грунт однажды ляжем
состав сугубой соли и песка
провозгласит единственным пейзажем

рай минералов наших ни души
своих сюда сквозь сито пропустили
лишь изредка микробы-малыши
но и они слабеют в перспективе

что мнилось пушкиным или толстым
в таком краю не человек ни разу
а кремнием и натрием простым
сверкнет спектроскопическому глазу

вот роковая родина всего
на кабельтовы вглубь окрест на мили
живому одинаково серо
что ненавидели и что любили

похоже ли прикинь философ сам
на все во что мы верили сопливы
что сведенборг пудами описал
и дантовы с вергилием заплывы

вот так и я пока с утра в строю
но знаю чувствуют себя все хуже
микробы из которых состою
и те которые еще снаружи

\* \* \*

здесь шансы взвешивай хоть так хоть этак
а время делать ноги с корабля
во имя жизни ради малых деток
не прихоти или забавы для

мы рождены землей в нее и ляжем
в отличие от тех кто всякий раз
себя воображает экипажем
беспомощно идя ко дну без нас

мы странники в состарившемся мире
прощай заветный камбуз отчий трюм
им невдомек но течь уже все шире
как ртуть луна и океан угрюм

нам сутками грести до ближней суши
ориентиры зрению просты
попарные над водной гладью уши
и штопором в кильватере хвосты

пусть возятся со шлюпками своими
а нашему сословию не нов
побег цивилизации во имя
и миссии отряда грызунов

* * *

свищом заря в стекле воспалена
вся туча в колокольнях чистый китеж
и человек в периметре окна
с той стороны но сквозь зарю не видишь

я понимаю кто там и когда
в былые дни читал тебя как книгу
но пролегла багровая гряда
швы разошлись по временному сдвигу

в той памяти где истекает свет
в котором ты в стекло струишься тенью
живьем наружу отраженья нет
там плен животному или растенью

нам не сойтись растерянно снуя
с изнанки сна откуда звезды виснут
на стебельках но всякому своя
история кто в свой периметр втиснут

вмурованные в чернозем кроты
чужие лазы огибают как-то
а с тем кто человеком был как ты
нет у живых возможности контакта

и если все простила то закрой
неузнанные в пламени и дыме
зеницы опаленные зарей
совсем раз ничего не видно ими

## union square

особенно летом не хочется думать об этом когда изобилие белок шмелей и колибри и нищих с табличкой что дескать инфекция спида подайте кто может а с неба молочная в пене жара то ли дождь обещали но водный ресурс подкачал и снуют сердцееды в отставке по юнион-сквер все степеннее к солнцевороту младенец на шее командует право руля навигация между лотками поскольку в жару просыхает либидо а прошлого плод спиногрыз эти яблоки по три за фунт и не хуже чем те же в whole foods но дороже и даже в соседнем ларьке продавали свекольный в бутылочке квас как с покойницей тетей бывало мы в днепропетровске на рынке но детство теперь бесполезно пока ты по челси с клюкой в организме запасы вреда и вот это особенно да

чуть сладится лето мы вмиг забываем про это повсюду звенящие чары шмелей и японские девушки с телевиками у них при подобном калибре в прицел попадают колибри весь радужных перышек рой демонстранты на площади с флагом поют ще не вмерла над желтым парит голубой среди пены темнеющей неба и галлюцинацией с клумбы цветы но не вспомню имен без подсказки из зала вот аня бы глазова знала она зоологию эту с ботаникой всю назубок ну и жарко же блядь а вот раньше на прежней из родин бутыль самогона в беседке повсюду вишневые джунгли и сала нарежут оно со слезой словно вальс пропустите мне можно я знаю слова наизусть но преградой легло изобилие козьего сыра и репа двенадцати буйных расцветок хоть выложи спектром смотри украина на что я тебя променял там соседская бабушка ира где ленина угол и мира ссыпала нам семки в карман из большого стакана по десять а маленький пять ну и где эта родина блядь

с небес бесполезна воды низвергается бездна навстречу такой же земной эти обе в погоню за мной в наступившем смятении шахматный шулер запястьем сшибает ладью и адью поскорее под крышу в сабвей чтобы дома в фейсбуке давить колорадов авось не замечу какое число миновало я жил здесь свидетелем ветра воды и огня но закончится все без меня и покуда слоны на своей черепахе крепки где-то в русле восточной реки в каземате на острове райкерз неведомый узник копает пластмассовой ложкой тоннель у него и надежда и цель налицо а в конце открывается правда вещей он отыщет яйцо где бессмертный кащей укрывает иглу на которой сидит только узник и сам педофил и бандит он надломит иглу и задует свечу тут как раз я и вспомню о чем не хочу скоро туча над рыночной площадью прочь обрывается жизнь начинается ночь дождевые печалятся черви в росе и японские девушки все

## либретто

вблизи этот возраст примерно как отпуск на юге бывало в шезлонге вздремнешь хоботок ноздреватый уткнув в произвольную книгу как слепо на каждой странице и буквы стекают шеренгой в родной муравейник там правит над ними царица спасительных знаний вся в радужных крыльях лучи в развороте как лезвия в глаз но потом забываешь на чем завязал узелок и неважно из прежних дедлайнов действительно срочный один но его не сорвешь

вот кстати к чему эта поросль в носу и в ушах а на темени голо и впалая задница дружбы со стульями больше не водит а выпуклость вся и упругость сместилась в живот на который рывком водружаешь вчерашнюю книгу но буквы с добычей бегом восвояси картинки в уме состоят из печальных чудовищ а сниться бы нужно другому нежнее ну скажем про отдых на юге и девочка в розовом крутит серсо а в лесах изобилие дичи в листве рамбутаны и личи анри тебе чистый руссо

анкету вам что ли я грамоту выучил в школе и был пионер с барабаном едва председатель совета отряда как мигом спороли нашивки за сбор утиля мне совала записки одна идиотка с признанием чувств вереницей на радужных крыльях царица и лезвия в глаз эта девочка в розовом что ли одна но с тех пор кружевные трусы упразднили и старцу завидно сквозь щель что рождение русской венеры из пены морей тридцать три соучастника в очередь строем терпи твое время пробьет с ними дядька-сержант колорадской раскраски и нимф похотливые глазки по сиськи в воде только жарко а холодно будет уже очевидно нигде

не сыч чумовой запевает на ветке а кто же вы спросите детки куда мы уходим когда над землею бушует однажды я вышел прокашляться впрок и меня не осталось вообще я рассеялся в устье гудзона само я одно из печальных чудовищ которые снились а нет чтобы девочка в розовой гамме и в облаке обруч греми барабан перечислим чего мы лишились когда центробежные буквы долой загубили страну где редели тапиры и тигры и бабочку знаю такой безнадежной любви а родительский слет пациентов меня подвергал воспитательной порке и верке и марки тувы но впоследствии умер в нью-йорке и как тебя звали увы

### книга бытия

в облаках при крылатой охране
в безмятежном режиме игры
на своем допотопном фортране
демиург сочиняет миры

потребляет траву и напитки
за исходник полушки не дашь
после третьей неловкой попытки
у него получается наш

на глазах возникает природа
сонный плес деревянный настил
даже если погрешности кода
незадачливый бог допустил

здесь мы ветер почувствовав свежий
первобытной покорны змее
ходим под руку вдоль побережий
от внезапной любви не в себе

сложных чувств непочатая залежь
россыпь звезд над вечерней рекой
если мира другого не знаешь
поневоле полюбишь такой

в твердой вере века пребывая
что господь милосерден и благ
даже если черта гробовая
на поверку не фича а баг

## учебник насморка

утро вечер чет да нечет
на заре заводит кочет
перед сумерками кречет
вниз на звук где дичь щебечет
по ночам сверчок стрекочет
срок не точен день не начат
в лунном омуте умыться
отчего ребенок плачет
вор вокруг или убийца
топора в руках не прячет

что все это вместе значит

снова в спину сноп картечи дар внезапной русской речи даль ивано-
вич владимир соловей максимыч горький петр степаныч верховен-
ский суслик в свист над теплой норкой все животные природы про-
носящиеся мимо словно точные приборы пульс отсчитывают мира в
чаще млечные собачки собирают гриб с малиной выстлав солныш-
ком лукошко прав топор и труп окрошка грот с аскольдовой могилой
снег иванович ложится на валдайские просторы птичьи стаи волчьи
своры леший пустоши владелец чей убийца на свободе почему завыл
младенец привидение в соборе днем и ночью череп с течью как по-
ступим с отчей речью как нам быть с постылым словом скарб в бау-
лы собираем пробил срок припасть к основам расставаться с милым
краем ночевать в приятной нище но с картечью в пояснице

чет да нечет вечер утро
звезды в пруд стремглав сгорая
кто трусы развесил мудро
на веревке вдоль сарая
плесень в летописный свиток
участковый в ступе скачет
догадайся с трех попыток
почему младенец плачет
почему во рту ворона
но рукой нельзя потрогать
вечер полночь полвторого
вот из ходиков по локоть
в жирной перхоти кукушка

сколько их куда им нужно

кругом головы насколько в облака уходят ели мы зарыли здесь ас-
кольда мы верстовскому подпели из бревна точили бога ели мыло но
немного после сруб тесали хитрый васильки на ставнях даже в нем
младенец тот димитрий дремлет с дыркой в фюзеляже весь дитя
добра и света рифму рвением не вымучь мы потом ему за это дали
отчество максимыч пароход плывет по волге пионер в сортире летом
царский сын на сером волке все к максимычу с приветом сам в слезах
любовью тронут и гагары тоже стонут хоть и дан отпор татарам но
остались сами с носом как нам быть с заветным даром с неотвечен-
ным вопросом правь дружина вниз по каме утлый гробик с детским
фаршем ель торчком над облаками станет мять ее руками бог дре-
весный в чине старшем нам чума его наградой мы всегда к нему с
обидой

снег иванович не падай
бог васильевич не выдай

**памятник**

мне лежится неудобно
полым черепом звеня
надо мной стоит надгробно
конный памятник меня

все физические лица
отложив свое кайло
могут лично убедиться
конный памятник кого

всхлипнет слесарь незнакомый
крановщик прольет слезу
только я не этот конный
я пешком зарыт внизу

жизнь заезженная драма
крысой будь или угрем
уверяла в детстве мама
живы будем не умрем

вянут мускулы и жилы
правда грубая горька
если вдруг не будем живы
ляжем в гроб наверняка

крышка к морде в бурых пятнах
где пролег последний путь
крысы в гробиках приватных
но не конные отнюдь

лучше б вырыли умыли
привели в товарный вид
а железный на кобыле
пусть прижизненно стоит

время звать меня к ответу
в прежних глупостях виня
не хочу чтоб лошадь эту
принимали за меня

### над обрывом

над обрывом над оврагом
реет небо черным стягом
ночью ангелы святей
каждый держит за плечами
между крыльями в колчане
полевой набор смертей

вот внимательно летая
от донецка до китая
видят зарева кайму
по пророку или вору
залп кому какая впору
в дар которая кому

ангел плачет и смеется
напоследок остается
смерть бесхозная одна
над оврагом над обрывом
сбросить ракам или рыбам
если снимутся со дна

серебриста полосата
смерть взыскует адресата
в звонком воздухе летя
цель сама себе назначит
где смеется или плачет
неповинное дитя

\* \* \*

*марианне кияновской*

вот контур эльбруса реальность обрел
в космической дымке нечеткой
а совесть и есть тот зевесов орел
которому платишь печенкой

здесь крыльями плещет смятенье и боль
хоть жизнь прокрути в голове ты
предел за которым союзников ноль
повсюду вражда и наветы

в долинах в апреле трепещет листва
столетия в ритме покорном
но злые с олимпа глядят божества
портвейном давясь и попкорном

так зверя дразнить в зоопарке смелы
подонки в испарине липкой
но глянешь на мир с одинокой скалы
и мир отвечает улыбкой

окинешь кострами пестрящий пейзаж
где греются в стужу приматы
и знаешь что их никогда не предашь
что с них не потребуешь платы

## à la recherche

поиск в интернете незакатных мертвых в парусных болоньях в пиджаках двубортных колоколом юбки ульями прически стеклышки в колечках гробовые доски
вот стою под дверью собственной квартиры подвели-звонили две астральных феи полкило пшеничной кореша-кретины след губной помады в ареале шеи грозный взор отцовский мать всплеснет руками в одеяло рылом и беда не горе но в конце маршрута баня с пауками мыльные разводы двери на запоре отскрипела юность разлетелись звенья вымпелы похмелья знамя отрезвленья
где вы толик-топик или шубин яша валя и агнесса якушева люба вдребезги с разгона вся телега наша голую реальность выкатили грубо вывеску с которой навсегда отмыты мелкие кровинки все эритроциты отключили сердце от подачи тока неуютно смертным старым одиноко безуспешен поиск предстоящий людям где от гугла яндекс отличать не будем первая подружка жмур на катафалке прелая кадушка крестовик на балке вспомнится при встрече с вечными мышами как тогда любили где еще дышали

* * *

дело не клеится лето кончается
с осенью пасмурный август венчается
падают с веток плоды
грустный енот у воды

лето с платформами с дачными сплетнями
купола звездные швы
вот мы остались на свете последними
из остальных что ушли

отбыли рано по кромке над пропастью
по золотому ковру
все на кого мы надеялись попусту
верили тщетно кому

вот почему не сидится на месте нам
если с утра за окном
осень стоит в облаченье невестином
в новом венце ледяном

место где прервана фабула повести
пеплом светил замело
мельком лицо в отбывающем поезде
в недрах ночного метро

* * *

нищий взял потертый грош
их на спуске свора
и сказал мне ты умрешь
но еще не скоро

так печально поутру
протерев посуду
вспоминать что вот умру
и уже не буду

все забуду выйду в сад
все же труп не вдруг ты
где красивые висят
ягоды и фрукты

там где яблоня росла
расцветает вишня
может он соврал со зла
и ошибка вышла

в сучьях светится окно
ночь с огнями в саже
это было так давно
что не страшно даже

\* \* \*

каждый вечер в теснине двора
слышен старческий кашель натужный
на глазах возникает дыра
перфоратором в ужас наружный

обрывается прялкина нить
в полутакте последнего цикла
чья-то плоть отучается быть
человеком которым привыкла

стынет сердце в пурпурной росе
тусклый глаз не подспорье второму
организма молекулы все
собирают пожитки в дорогу

а наутро визжит детвора
воронья перебранка картава
и по стенам ползут со двора
участковые белки квартала

ловят горлицы солнце из рук
и срываются в лиственный омут
издавая свой жалобный звук
потому что другого не могут

а за ними отправится в путь
обреченному мешкать негоже
кто уже не умеет чихнуть
но прокашляться пробует все же

хоть пригоршню пространства согрей
раздвигая нейтронную вьюгу
не печалься и кашляй скорей
уступи свою очередь другу

растворись в карусели планет
за чертой нищеты и богатства
все в ажуре и ужаса нет
если некому больше бояться

\* \* \*

в цикличном режиме тифозного сна
смотреть как вокруг исчезает страна
как тает она под ногами
леса ее вслед за лугами

редеют деревья мелеют ручьи
где бдели кирилл и мефодий
и ягельной тундры угодья ничьи
в ней много подобных угодий
за городом вслед пропадает село
светило с шипением в омут
а что не сумеет исчезнуть само
тому деликатно помогут
мигнула звезда и погасла звезда
как если бы ночь пустовала всегда

следить как седеет ковыль под стопой
скелетики рыб за бортами
и песня которая с детства с тобой
фиброма на стенке гортани
последние люди забытой земли
лишь справок разрозненных кипа
а в небе где клином текли журавли
пернатые прорези типа
уже не посетует голос ничей
на чередование дней и ночей

туман обступивший развеешь рукой
и нету на свете страны никакой
бумажный истлел под снегами
журавлик ее оригами

**письмо в капсуле**

от истории слегка подустали
больно много ее здесь нехорошей
грех не хвастаться пустыми местами
нашим ягелем густым и порошей

и еще у нас под россыпью млечной
выйдешь во поле деньком непогожим
до хрена в нем мерзлоты этой вечной
экспортируем в саванны как можем

раз в году восходит солнышко ало
ночь над миром приподнимет покровы
что с того что разных фиников мало
вон ботвы невпроворот и половы

а какие ежегодно закаты
тучей лемминги сбегаются в пойму
и еще мы тут песцами богаты
впрочем может через з я не помню

масса планов и задумок на завтра
обустроить остальную планету
по заветам одного динозавра
звали вовой но давно его нету

свежий гравий в закрома заложили
густо сеяли навоз но не всхоже
хорошо что мы начальники жизни
худо-бедно а ведь мамонты все же

## песня изнеможения

кто за шпротами и сопроматом
с перебитой от блуда рукой
возвратился в реал в сорок пятом
убедился что мир никакой

из кристаллов страда и машин вся
не влияют простуда и смех
как бы если прискорбно лишился
на войне своих органов всех

разве не был застенчив и пылок
бухгалтерию вел в гороно
среди памяти тщетных опилок
не таким состояло оно

это марево птичек и кошек
родовое в коровах село
неумелое платье в горошек
материнское детство всего

вместо этого в дебрях природы
где от шрамов шрапнельных свежа
пролетают железные шпроты
реактивно хвостами жужжа

срок неверно героями прожит
ложный орган служил головой
а война им уже не поможет
будь хоть третьей она мировой

все детали единственной кроме
клемма в заднице в брюхе дренаж
мы слепцы в переставленном доме
даже каждый поступок не наш

слишком твердо нам было в реале
как ни втисни события в ряд
наши горькие песни едва ли
всю неправду о нас говорят

**дом**

сто лет тому кудрявей и добрей
я поселился в необъятном доме
с двустворчатым обилием дверей
незапертых одной последней кроме
с верандой ниспадающей в сады
к весеннему протянутые грому
где ивы у немолкнущей воды
полуденную наводили дрему
по светлым коридорам наугад
я пробирался без конца и края
из множества покоев и палат
любые для ночлега выбирая
совсем забыв что есть еще одна
без выхода насквозь и без окна

в иных порой маячили жильцы
я притворялся что не замечаю
но по утрам в подпалинах пыльцы
сновали пчелы над вареньем к чаю
в саду осенний вспархивал дымок
поленницы у стен и детский топот
но постепенно стало мне вдомек
что вдвое меньше и дверей и комнат
как будто дом со стороны реки
в гармошку смяло вместе с ветхим садом
а в зеркалах все чаще старики
нечеловеческим встречали взглядом
все створки пропадая за спиной
как бы теснили к запертой одной

я отирал испарину со лба
упорствуя что с нервами в порядке
покуда не застигла вдруг судьба
как обморок с рукой на рукоятке
с ключом в другой и скважина как раз
откуда в ночь сочилась боль немая
и я вошел не открывая глаз
всю обстановку телом понимая
вот полоса раскосая бела
впотьмах клинком из-за спины так близко
ты за столом которая была
и на столе тогдашняя записка

в последнем сне все заново опять
как пролитая кровь назад по вене
так вот где время станем коротать
которое здесь подлежит отмене
как судорожно стрелки ни крути
и ключ в руке но нет дверей уйти

\* \* \*

когда подумаешь откуда
вот эта жизнь взялась твоя
лесов осенняя простуда
и неба рваные края

то если память не обманщик
в былое продышав окно
там виден специальный мальчик
с которым вместе ты одно

но даже проложив попятно
тоннель брандспойтом и огнем
уму отсюда непонятно
нужда была какая в нем

и даже если мир отныне
не обойдется без меня
зачем же мальчика родные
на свет являли ебеня

зачем он мучил насекомых
и в классе девочкам вредил
единственный из всех знакомых
в скрижаль впечатанный дебил

\* \* \*

с каким благоговеньем и теплом
скорее паром становлюсь чем таю
я достаю свой докторский диплом
и про себя приятное читаю

to whom it may там сказано concern
печать и подпись полномочный некто
и это не тесемка от кальсон
а беспримерный подвиг интеллекта

он украшает мой убогий дом
что стережет скульптура носорожья
ведь это я достиг своим трудом
обычный паренек из запорожья

накинул плащ и дернул за рубеж
хотя умом блистал сперва не очень
и хоть ножом теперь меня зарежь
мой путь к могиле выверен и точен

читай же пилигрим и перечти
здесь между раем для невежд и адом
не хрен собачий лег a phd
дерзай и ты чтоб лечь однажды рядом

\* \* \*

прочь полярная медведица
золотое решето
если сверху но не светится
это небо или что

лабиринтами холодными
взгляд струится бестолков
жизнь застроили колоннами
настелили потолков

а когда мы были дикими
помнишь мир едва возник
осыпались звезды льдинками
на подставленный язык

жестяные в кадках веники
электрический азарт
зря мы в небо не поверили
а в железо и базальт

с кабелями в бездну гибкими
черной фабрики огней
с человеческими рыбками
замурованными в ней

## обещание

в чикаго под землей в автобусном разъезде
там твердь бетонная подвешена дрожа
давили пинту мы с одним скитальцем вместе
мне случай подослал веселого бомжа

приязнь внезапная в груди изверглась этной
когда мы с ним махнуть успели по второй
он обаял меня той мудростью безвредной
которой простаков снабжает жизнь порой

узнав что я поэт игрушка вдохновений
что лира мой удел и муза мне жена
он мигом угадал что я реальный гений
и что судьба моя навек предрешена

что сбудется точь-в-точь о чем ни попроси я
мы оба крякнули и выпили до дна
что вскоре обо мне узнает вся россия
а если повезет и не она одна

с той памятной поры уж тридцать с лишком весен
как лемминги в провал летит за годом год
а я упорно жду от ревности несносен
когда же обо мне услышит мой народ

я выстоял свой срок теперь должно быть скоро
порой мерещится они уже видны
ценителей моих почтительная свора
с валдайских выселков из снежной пелены

от уренгойских вахт стремительная смена
в компактных черепах пытливые мозги
и под руки меня уводят постепенно
навстречу вечности для славы и молвы

в хрустальный мавзолей на вымысле на факте ль
где сфера вечных скреп обнесена стеной
и делегат небес полярный птеродактиль
скликает мамонтов на вышке нефтяной

\* \* \*

расскажи попросила меня она
как вы жили в последние времена

кто в чулане прятался кто в россии
от судьбы повернутой вспять лицом
мы мешками пространство на холм сносили
чтобы неба побольше перед концом

но ведь было солнце а нынче мрак
почему себе дальше не жили так

да ведь зомби слева а справа тролли
слишком вместе все чересчур давно
пораскинь рассудком дурочка что ли
легионы людей а небо одно

и еще последнего не пойму
это все остается теперь кому

оставаться нечему тошно глазу
под конец в пустынях иссяк песок
от пространства струпья на спинах сразу
и мешок худой да и холм высок

\* \* \*

нет ни оклика вдруг ни крика
словно в жидком стекле дома
на столе распахнулась книга
и читает себя сама

занавеска парит как вымпел
сквозь незапертое окно
словно кто-то из дома вышел
или не было никого

очертания ветра строже
на краю подступившей тьмы
уж не мы ли здесь жили тоже
если верное слово мы

на диване где ты сидела
в сигаретном седом дыму
оттиск в воздухе слепок тела
все мерещится моему

сквозь аквариум контур криво
до бровей натекло стекла
только слышно как шепчет книга
перелистывая себя

как сюжета бежит кривая
огибая тоску и спесь
полый воздух в тела сбивая
из которых он вышел весь

\* \* \*

найти другой язык писать на нем
сочащемся сквозь пиксели огнем

сбивающем в свой плазменный комок
все что вчерашний выразить не мог

все флексии глагола проглотив
впасть в неспрягаемый инфинитив

для жизни в измерении другом
чем три осточертевшие кругом

от стойки в ночь шагнуть навеселе
внутри тебя стекло и ты в стекле

раз выговориться невмоготу
уже без прежних падежей во рту

в преображенном космосе где из-
под верха с визгом вытащили низ

и только мысль последняя тверда
что ты теперь не тот кем был тогда

**заметки театрала**

чуть смеркнется к театру подрули
в скрипучих френчах рыщут патрули
по всей брусчатке в щупальцах багровых
костров головоногий бурелом
надсадный кашель церберов дворовых
ракета в воздух залпы за углом

зачем я с ними и кого я жду
на вековую обречен вражду
столетия изношенная шкурка
как со змеи чешуйчатый чехол
сквозь звезды траектория окурка
и сердце на цепочке как щегол

вот фосфорные светят под травой
в траншеях кости первой мировой
бечевкой век плотовщиками связан
дрейф времени как веер на воде
в каком году шрапнелью или газом
и адресок на сомме или где

весь мир театр но касса лишь для тех
кто жаждет рвотой сдобренных утех
едва украдкой всхлипнешь о потере
как собственный в пробоинах каркас
все норовишь пристроиться в партере
врешь на подмостки выплюнет как раз

испанка в глотке вся шинель мокра
авроры в небе нежная игра
вверху налажен цикл беды и ссоры
хоть сотня лет биноклями до нас
из эридана в рупор режиссеры
брось роттердам выкатывай донбасс

и та которая пришла за мной
окинет взором горизонт земной
на елках догорают клочья ваты
и комиссар курок покорный взвел
зачем цветы уже в брусчатку вмяты
зачем патрульный поднимает ствол

из-за угла мигнул фонарный глаз
успею ли взглянуть в последний раз
на зыбкий свет лиловую кайму
на божий мир сползающий во тьму

\* \* \*

если вспомнить попугая спайка
он хоть и зеленый был но зайка

молодость провел в табачном дыме
на затылке желтые разводы
и меня частушками блатными
развлекал пришедшего с работы
лексикой последнего разбора
чем подчас в досаде душу греем
и хорька однажды фенимора
привселюдно обозвал евреем

а теперь я воспитатель белок
тройку их откармливаю к лету
шибко жаден этот род и мелок
но вреда от них природе нету
и еще у фридманов под деком
жил опоссум выползавший ночью
ни одним реальным человеком
никогда не виданный воочью
даже недоверчивую крысу
вхожую порой в жилище наше
можно быстро приохотить к рису
или к гречневой допустим каше

всякий зверь своим предметом занят
в круговерть запущенный пустую
только жаль что скоро нас не станет
скоро все исчезнем подчистую
пусть не рубль но все же медный грошик
в строчке итого в финальной смете
если больше белок или кошек
меньше одиночества на свете
кстати вспомнилась и кошка фифи
из приюта тощенький найденыш

вот кого увековечу в мифе
вот сложу предание о ком уж

**они**

они вертели чью-то голову
и я словесному ручью
как птичьему внимая гомону
сообразить пытался чью

в окне мелькали пихты в инее
пока я в тамбуре курил
ища отрубленному имени
егор он был или кирилл

огнями пролетали станции
ангарный высился портал
где я один в купе со старцами
ночным составом грохотал

проводники в угоду голоду
несли нам чая и халвы
и до утра вертели голову
словоохотливо волхвы

один вообще в защитном кителе
ей веки поддевал перстом
как будто первый раз увидели
всю правду в ужасе простом

\* \* \*

допустим я видел полет стрекозы
с плацдарма бузинного к вязу
и прожитой жизни скупые азы
она мне напомнила сразу

сама из витражного в жилках стекла
хоть родом вполне из болота
слепое пространство собой рассекла
как дерзкий малек вертолета

с тех пор как мой ум в алкоголе намок
здоровье подвержено сглазу
повсюду мерещится смысл и намек
на все обстоятельства сразу

и если прообраз дракона она
что в церкви угробил егорий
то мутных метафор вскипает волна
расхожий набор аллегорий

соблазн завести разговор о другом
с тех пор тяготеет над нами
как мы побоялись предметы кругом
своими назвать именами

оставим стрекозам осанку и класс
и весь на поверку дурак ты
имея взамен ее тысячи глаз
унылые две катаракты

**романс разочарования**

когда я однажды влюбился
забыл имяотчество жаль
в осенней одессе у пирса
с напрасными астрами ждал
наверное все-таки света
точнее назвать не смогу
но вся биография эта
надсадно буксует в мозгу

гораздо отчетливей надя
в троллейбусе встретил ее
и все же на прошлое глядя
не верю никак что свое
на глупые эти романы
истратил количество лет
а яблони фрукты роняли
и вот я морщинистый дед

наверное аж тридцать девять
в судьбу мою врезалось их
и даже хоть трудно поверить
женился на некоторых
а ныне дряхлеющий гений
уходит в последнюю тьму
с букетом поникших растений
они не помогут ему

вся морда цвела от загара
и радость казалась близка
теперь же окрестность сахара
осыпавшегося песка
в дверях санитары без стука
и в арктике мерзнут моржи
ах жизнь бесполезная сука
зачем ты была расскажи

## землепроходец

неважно живи он в москве хоть
другие подставь города
внезапно он хочет уехать
как будто он знает куда

полна соблазнительных знаков
природа безоблачным днем
но к старости мир одинаков
и все одинаково в нем

америке или россии
отдать предпочтенье и честь
у света сторон-то от силы
четыре ну максимум шесть

которая больше по нраву
где пищу обрящет и кров
сквозь мутных диоптрий оправу
он смотрит на розу ветров

направо живут бегемоты
налево песцы и моржи
туда где не сыщешь его ты
отчалит и только держи

торосы на солнце лоснятся
хребты до небесных стропил
а может он хочет остаться
но просто об этом забыл

поскольку печально и сыро
торчать из последних одним
в порочном прдссрдии мира
который состарился с ним

\* \* \*

нахлынет наречия пряча
в густых двоеточиях речь
прости что ни речи ни плача
в разлуке не смог уберечь

со струпьями страха на коже
к какому соваться врачу
когда тебе больно я тоже
всей памятью кровоточу

но память упорная сводня
в торосах азовского льда
где твой мариуполь сегодня
открытым свищом навсегда

не слипнуться векам над бездной
но речи увечна черта
лишь русский язык бесполезный
помойной кишкой изо рта

лишь лепет под градов раскаты
и лед словно лава бугрист
где чертит свои лемнискаты
щербатый с косой фигурист

\* \* \*

еще круги мотает птица
тесьма истрачена не вся
но длящееся прекратится
свет остановится вися

из медной проволоки флора
верблюд в безвылазном ушке
над битым зайцем из фарфора
стеклянный волк в полупрыжке

с утра густело как трясина
под вечер не берет сверло
все навсегда перекосило
что раньше пело и цвело

ни дуновения ни пыли
и свет над веками такой
когда б еще и руки были
хоть подопри его рукой

и волк кому в полете редком
до высушенных в соль небес
ни зайца упромыслить деткам
ни скрыться в проволочный лес

## стартовая черта

в перерыв с коллегой махнувши лишку
я забрал свою трудовую книжку
институт был прокурен тих и огромен
с волосатым вахтером в укор горилле
и редакторша с грудью четвертый номер
вот с кем жаль что так и не договорили

в этом детском городе с днепрогэсом
не шагал я в ногу с прочим прогрессом
ведь журили уже в одном кабинете
чуть живой улизнул от майора-гада
но с расчетной суммой на средства эти
было чувство что быстро добавить надо

под грибками на жданова с жаждой стоя
я не помнил откуда пришел и кто я
после третьей дозы вполне дубиной
хоть не истина спирт но слепая сила
я подбил баланс и пошел к любимой
чтобы смысл вселенной мне объяснила

объяснила но скомканно и немного
что выходит замуж за педагога
с кем и станет судьбу коротать до смерти
а не с метафизической знаться пьянью
пусть и с записью в сереньком документе
что свободен по собственному желанью

в этом детском прошлом подобном раю
я сижу с портвейном и добавляю
слишком все мы на расставанья скоры
не пропаяны толком контакты в схеме
хоть суешься со многими в разговоры
не получится договорить со всеми

и пока гремела в кафе посуда
я работал над планом рвануть отсюда
я не знал что уже не смогу вернуться
на могилы прежних друзей и родин
маневрируя долькой лимона в блюдце
повторяя в уме что теперь свободен

## двойник

к приходу ночи прибыли в мисхор
сквозь сон автобуса в годину бденья
туманы шли с поросших шерстью гор
к столу как пристальные привиденья

стоял ноябрь последний год когда
он жил уже предстартовым отсчетом
но за грядой другие города
существовали кое-где еще там

спросонок астры мокрые цвели
скамейка тенью плавилась тигриной
на этом крайнем выступе земли
добытом для него екатериной

еще он час в саду сидел потом
портвейном опечаливая печень
и рассуждал с туманами о том
что нынче вспомнить некому и нечем

он скоро отбыл из страны татар
история сомкнулась вековая
когда отверг екатерины дар
и бред петра и бремя николая

но был бессилен отгадать меня
с дистанции длиной до полувека
и уходил природу не виня
в судьбе на два отдельных человека

в урочный час он явится за мной
поводырем в края где снова местный
поскольку остается крым небесный
тому из нас чей отнят крым земной

**котенок**

мать на дворе подобрала котенка
и он уже играет с нашим псом
сама в прихожей возится в потемках
схожу и разузнаю обо всем

хвостатый гость кромсает шарф на части
сулит собаке максимум вреда
какой он странной синеватой масти
таких же не бывает никогда

вдруг стало стыдно что она так поздно
сквозь горестные сумерки одна
за окнами беззвучно и беззвездно
а я вздремнул и не зажег огня

прошла на кухню прикрутила воду
там неисправен кран последний год
у нас же никакой собаки сроду
и с кем тогда играет этот кот

я обвожу до судороги глаза
все что напрасно зрению дано
и неуклюжая из горла фраза
тебя здесь нет ты умерла давно

в свидание не веря обоюдно
стоим она качает головой
и так молчит что не расслышать трудно
а ты уверен что еще живой

вдруг в двери операторская группа
скорее свет мы станем вас снимать
и объектив оскалившийся глупо
в котором мы утонем я и мать

в творении изобличенной боли
последнее устройство таково
что призраки играют наши роли
когда нас нет на свете никого

когда все круче времени ухабы
но бесполезен слух бессилен глаз
и знание что этот кот хотя бы
реальный факт когда не стало нас

## проекция на плоскость

вдали от зверей и растений
он жил постепенно в крыму
и мир как орнамент настенный
двумерно являлся ему

к ходьбе непригодным ребенком
точнее не жил а лежал
и солнечный невод на тонком
подобии жизни дрожал

спускались в зеркальное море
двоящихся суток слоны
но ночь наступившая вскоре
смывала пейзаж со стены

а в мире который реален
но в зеркале наоборот
из дальних неведомых спален
спешил быстроногий народ

в лесах у лосей и оленей
ветвились рога при луне
и планы больших преступлений
злодеи слагали в уме

умельцы огня и металла
творцы электрических схем
следя чтобы смерть обитала
на горе недоброе всем

там реяли грубые духи
он плакал пока не ушли
он думал кому эти мухи
и божьи коровки нужны

как ангелы в мессу к собору
они прилетали к нему
он вышел пешком на свободу
а смерть остается в крыму

где бдят за обоями крысы
каких он боялся дитя
клыками торчат кипарисы
луну в своем зеве вертя

он прежнего страха потомок
паломник попятных дорог
по-прежнему божьих коровок
и мух неизвестен урок

## военная песня

в ту пору шла столетняя война
над пиками клубилось небо низко
и тысячами наши имена
вычеркивали лучники из списка

он таял сколько новых ни внеси
на человечьи участи короче
нас нет в живых мы пали под креси
отчислены в чертоги вечной ночи

но волнам атлантическим равны
у скал бискайских в их упрямстве хмуром
мы в бретиньи просрали треть страны
и снова полегли под азенкуром

но все же среди нас взошла одна
звезда с кирасой сросшаяся кожей
через ламанш предательский видна
в сердца врагов вселяя ужас божий

мы все пределы отчие вернем
дотоле не иссякнет в мышцах сила
доколе ясно полночью как днем
от пламени куда она вступила

стой маяком из алого стекла
пусть враг позорные мусолит басни
мы победим пока ты нам светла
до той поры повремени не гасни

### развенчание науки

едва озаренная первой звездой
возникла вселенная что ли
она оставалась вначале пустой
в ней не было горя и боли

в ядре обретая случайный причал
протон из неопытных первых
восторга от ужаса не отличал
и жизнь не держалась на нервах

а нынче любую возьми отвори
из книг очутившихся рядом
там наша кровинка мадам бовари
крысиным питается ядом

ахейский залез на кассандру бандит
противная совести поза
и анна аркадьевна вечно глядит
в железный оскал паровоза

простой дровосек или доктор наук
от немочи корчатся тяжкой
под балкой зубами скрежещет паук
питаясь прохожей букашкой

в червивой земле обретают покой
что крот трудовой что синица
природа не вправе остаться такой
скажите что это нам снится

что голая вечность сияет мудра
в ней нет паровоза и яда
а в атоме нет никакого ядра
и атома нет и не надо

**прокрастинация**

в костюмчике сереньком самом
от высших страстей вдалеке
идет человек с килограммом
поваренной соли в руке

а где-нибудь в мире подлунном
является путин братве
оон со своим пан ги муном
решает вопрос во главе

народ укрепляется в вере
архангелы в небе парят
и море воды на церере
космический видит снаряд

и этого сразу так много
хоть соли запас под рукой
тут надо бы умного бога
а мир сотворил не такой

тут надо бы действовать что ли
но я не займусь этим всем
покуда поваренной соли
шестнадцать пакетов не съем

## проект оптимизации

если бы ласточки были с ушами
уши бы сильно полету мешали
хлопая словно флажки на ветру
лучше я бред этот быстро сотру

впрочем продолжу уму не в обиду
все как положено каждому виду
будь вместо лап плавники у хорька
участь его бы была бы горька

но почему-то летучие мыши
стаей висят без зазрения с крыши
уши до пола у них велики
и у тюленей вполне плавники

все же не все в этом мире уроды
нет сослагательных прав у природы
плотность хитина и бивней длина
в точности все сочетает она

все-таки дарвин изрядный ученый
правду в лицо говорить обреченный
шерсти бы нам и хвостов подлинней
проще задачу решал бы линней

грация нам бы в пробеге кобылья
от махаона витражные крылья
зубы как шило стальные умы
жалко что это бы были не мы

**тишина**

а когда влюбился однажды
принялся лечиться от жажды
разливал тоску а не воду
созвонил друзей пол-россии
чтобы на смоленскую ходу
брали и с собой приносили

или там столешников в яме
словно иов в книжке с друзьями
в гное и парше недотрога
свита впрочем поводу рада
только не воды ради бога
этого больному не надо

непосильна в юные лета
автору любовь без ответа
без еды практически типа
ни на грош белка-лецитина
это род возвратного тифа
если нам не врет медицина

а москва в пургу замирала
на замки мозги запирала
ледяной овеяна славой
вот такой и вижу москву я
оттиском на памяти слабой
сквозь буран едва существуя

ритуал прощания с теми
с кем висел тогда на системе
тополей увечные корни
небеса в пробившемся просе
тишина стоящая в горле
как вода на химкинском плесе

### последние экскурсии

иногда он пытался вернуться домой
выходил на порог заведения
где его мучили добрые сестры
или не мучили просто кормили
правда иногда делали уколы

он хотел пожаловаться домашним
что эти другие не понимают слов
и вообще не хотят учиться играть
в гуси-гуси га-га-га
хотя он им все объяснил
он забыл кто такие домашние
но надеялся их отыскать
потому что это казалось важным

но когда удавалось выскользнуть
он не мог найти нужного трамвая
вообще трамвая
и забыл названия остановок
сталеваров и мира
было все что он помнил
все что он помнил

## поворот сюжета

гражданин кантона ури
если есть такой кантон
зря женившийся на дуре
в петлю сунулся потом

тщетно мы гадаем с вами
о заоблачном отце
если жребий предписали
значит выпадет в конце

впрок бы знать какой чудила
на какой проклятый год
обмакнув перо в чернила
нам финал изобретет

мы живем в литературе
омут фабулы глубок
гражданин кантона ури
дед щукарь и колобок

привыкай к загробным позам
безуспешен жизни бег
что ни анна с паровозом
то и с лошадью олег

горизонт подернут сажей
нитка времени тонка
а бессмертных персонажей
не придумали пока

## песня взлетной полосы

я в юности раз очутился
в сургутском аэропорту
сквозь марта метельные числа
с похмельным ущербом во рту

сперва потолпившись у крана
свалился в углу как тюлень
укутанный в кокон бурана
где вылет застрял на тюмень

и сутки застойные эти
продрых коммунистов кляня
хоть было не менее трети
бутылки с собой у меня

мне снилось мучительно лежа
у стенки с затекшей ногой
что я не похмельная рожа
а кто-нибудь сильно другой

я думал ты помнишь мамурра
в ростральном своем далеке
как мы в цитадели гламура
швыряли хрусты в кабаке

а после на фирминской даче
конвой перечеркнутых дней
ты был казначейства богаче
а я богадельни бедней

клиентов умильные лица
твой греческий дроля-пострел
и эта впоследствии жрица
ее еще бродский воспел

под занавес с лесбией двое
покуда я мешкал в двери
хоть mentula прозвище злое
для друга не жалко бери

но тут я обратно проснулся
кругом простирался застой
заначки в кармане коснулся
она оказалась пустой

пурги малярийные сети
за окнами область бела
неправда стояла на свете
неправда всегда и была

в обширном владении отчем
от моря до северных гор
но вылета не было впрочем
и нет говорят до сих пор

## 42

бывало встарь за чтением трактата
из кожи вон осилить и понять
неоднократно тормозил когда-то
дойдя до пункта 6.45

там сразу вслед вообще тупик каносса
хоть мудрости едва на медный грош
где про ответ которому вопроса
на смертном языке не подберешь

мы черный ход затеяли повадясь
в метафоры сколачивать слова
вот у кого покойник даглас адамс
через полвека слямзил сорок два

граненый мир в бокале бриллиантов
пытливыми глотками отопью
но $p \lor \neg p$ без вариантов
лишь временами $p \to q$

найти вопрос и затравить как тигра
здесь коротка охотничья пора
догадка что суждение картинка
слабей соблазна выйти за поля

пускай вскипает мозговая пена
но $\exists p$ что для него
вся золотая логика забвенна
когда нам смерть подмешана в вино

столоверченье вещий шорох блюдца
над пропастью столпиться всей семьей
мы болтуны а нам велят заткнуться
о чем смотри в трактате пункт седьмой

и как бы правда ни была отпета
над логикой струится высока
хоть для вопроса как и для ответа
у смерти нет другого языка

## тема и вариации (рождение трагедии из духа музыки)

если спросите откуда мной желанье овладело над седой равниной
моря мне на ум явилась дума эти сказки и легенды ветер тучи соби-
рает дать начало песнопенью между тучами и морем с их лесным
благоуханьем повести за словом слово влажной свежестью долины
гордо реет вяйнямейнен рядом робкий гайавата тело жирное пинг-
вина прожевать никак не может барбарис висит краснея по бокам
его свисают изумрудные громады лучше тему поменяю

эти сказки и легенды мы травили в третьем классе вовка зверев вяй-
нямейнен в туалете вот приходит навадага из долины тавазанта то
есть завуч влажной свежестью долины и вообще благоуханьем от
казбека с беломором всех природных отправлений кем желанье
овладело барбарис на самом деле от ноль восемь сантиметра до од-
ной и двух десятых так что нечем гайавате перед тучами кичиться и с
чего гагары стонут лично я не понимаю

вот гагары вот горгоны с их мясным благоуханьем между тучами и
морем вьются медленные стаи навадаги с токугавой это голос дней
минувших глупый пингвин тимофеев и глухарка мушкодаза и тарел-
ка пшенной каши злобный завуч громударов а в дверях смешные
гости в жарком гробе илмаринен в самостреле йовкахайнен под во-
енным трибуналом точно огненные змеи вьются в морге исчезая
расскажи про навадагу покажи нам токугаву только свет гасить не
станем

все мрачней и ниже тучи вслед за муррики чернявой вам бесхит-
ростно пою я эту песнь о навадаге как последний вяйнямейнен изу-
мрудные громады и уверенность в победе в плохо вымытом сортире
где былая токугава ветер девушку баюкал принесла потом в подоле
вам принес я эти саги о могучем кавасаки вполз и лег высоко в горы
тятя тятя лезут воры свищет укко бог верховный вечный дуб шумит
греховный жирный завуч монамуров черным демоном кричит

\* \* \*

впадать в экстаз приватной правоты
и с визгом похоть утолять на крыше
вселенную придумали коты
в ней правды ноль но правды нет и выше
чуть вознамеришься уйти в астрал
гуденье шкива скрип стальных веревок
внезапно бац и древний лифт застрял
здесь кошкин дом и жизни смысл неловок

гляди внимательней твой космос прост
над чем мозги терзал напрасный эллин
перебираешь лапами и хвост
то вверх трубой то крыше параллелен
без надобности вновь на стенку лезть
теперь ты точно видел все что есть
дух в минусе хотя и плоть матера
надгрызли ухо в свежих шрамах грудь
и вовсе не в астрале ты забудь
а дремлешь в ожидании монтера

## сретение

хоть под нос от костлявой повестка
хоть гори эта юность огнем
никогда не забуду подъезда
и квартиры которая в нем

я живой воротился из плена
неизвестным в родные края
меня встретили ставская лена
толстый майкл и невеста моя

отгоняя космической пыли
разлучавшие нас облака
неприятное местное пили
о невесте не стану пока

заскорузлое сердце как птичка
торопилось внутри у меня
слева кажется вера кувичко
но от рака потом умерла

нас на части судьба разнимала
упускала из виду в дыму
что касается толстого майкла
изувечили личность ему

наслоились года словно силос
в нем не выкроить воздуха ртом
дай припомнить зачем же я вырос
в незапамятном городе том

или все же вернуться к невесте
хоть в окно биографию брось
к той с которой досаднее вместе
ситуация вышла чем врозь

и у камня как сказочный витязь
синий паспорт влагая в суму
я шепчу себе в щит nunc dimittis
мне такая латынь по уму

если больше ни майкла ни веры
получивших повестки до нас
и утюжат вовсю бэтээры
на рассвете далекий донбасс

## лютер бегущий от грозы

гром стучит в жестяные тазы
ветер вертится с воем по кругу
мартин лютер бежит от грозы
аж порты обмочил с перепугу

у него на душе непокой
адский пламень явился кретину
где найдется маковский такой
написать беспристрастно картину

но стихия пронзившая грудь
обернулась духовною сводней
мартин лютер свой жизненный путь
типа бабушке вверил господней

в скачке с молниями по пятам
с переломами в психике шаткой
и спасла его бабушка там
с неразумной на пару лошадкой

ватикану готовится месть
мудрых тезисов в келье настройка
где-то дюрер в окрестностях есть
но и он не маковский настолько

с той поры и подсел на иглу
римской мерзости впредь ни глоточка
если черт затаился в углу
то чернильница в рыло и точка

но гроза настигает всегда
прежней жестью и градом колючим
дозу страха свою и стыда
от нее мы по полной получим

с наступлением будущих лет
как два пальца докажет наука
что на свете ни бабушки нет
ни ее галилейского внука

а из тех неспособных чертей
что шарахались утвари писчей
будут новые прежних лютей
за двуногой охотиться пищей

с личной молнией в каждой груди
под решительный марш миллиарды
и в фуражке один впереди
с кляксой роршаха вместо кокарды

## продолжение следует

николай наш васильевич гоголь
в промежутке отпущенных лет
понаписывал мало ли много ль
мертвых душ продолжения нет
оставляем на авторской совести
суесловия тщетную течь
если есть продолжение повести
продолжение следует сжечь

в этой жизни течении скором
тиражами штурмуя печать
так увлечься легко разговором
что утратишь искусство молчать
если точка в конце предложения
исключает дальнейшую речь
то не нужно уже продолжения
продолжение следует сжечь

отпорхав как болтливая сойка
заглянув этой правде в глаза
понимаешь что сказано столько
что забрал бы назад да нельзя
есть рецепт избежать поражения
в ножны вовремя вложенный меч
и в ответ на соблазн продолжения
продолжение следует сжечь

# археология

1972—1987

\* \* \*

Гарь полуночная, спеленутая тишь,
Ревизия пропорций и расценок.
Взойдет луна — и сослепу летишь,
Как комнатная птица, головой в простенок.

В фарватер потемневшего стекла
Врезается рябина отмелью нечеткой.
Вчера пятак весь день ложился на орла.
Сегодня упадет решеткой.

Сегодня будет дождь, на завтрак молоко,
И падалиц в саду пунктирные эскизы.
Озябшая голубизна легко
Осядет в пыль, на стены и карнизы.

Она омоет дом, отрежет все пути,
Скользнет вдоль изгороди в лихорадке танца,
И будешь ты грустна, что вот, нельзя уйти
И тяжело, немыслимо остаться.

\* \* \*

С перрона сгребают взлохмаченный лед
Настырней мышиной возни.
Под вымерзшим куполом твой самолет
Зажег бортовые огни.

Гляжу, меж тоской, изначально простой,
И робостью странно двоим,
Как ты, не прощаясь, зеленой звездой
Восходишь над миром моим.

Над темной планетой в артериях рек
Смятенье колеблет весы.
В диспетчерской рубке пульсирует век,
Разъятый на дни и часы.

В прокуренном зале мигает табло.
Из гула растет тишина.
Оконный проем рассекает крыло
На два непохожих окна.

И надо стереть лихорадочный пот
И жизнь расписать навсегда,
Как если б вовеки на мой небосвод
Твоя не всходила звезда.

\* \* \*

Бредит небо над голым полем
И дорога белым бела.
С обезглавленных колоколен
Облетают колокола.

Опадают, раскинув руки,
И по ниточкам снежных трасс
Одиноко блуждают звуки,
Забинтованные до глаз.

Тихой стужей и летом сонным
Под ногами дрожит, пыля,
До краев колокольным звоном
Переполненная земля.

### Звездная баллада

В провинции, на тайном полустанке,
Где на путях столетняя зола,
Тоска моя, наставница в отставке,
Забытый след овчаркою взяла.
В мирке пропойц и станционных граций,
Банальнейших ландшафтных декораций,
Закованных в немытое стекло,
Она меня настигла за колонной
И обожгла. И время потекло
Назад и вверх по плоскости наклонной.

Я онемел. И все, что было рядом,
Застыло за магической чертой:
Штиллебен со шрапнельным виноградом,
Скамейка под супружеской четой,
Дежурный в тюбетейке мухоморной,
Саманный храм общественной уборной
С извечными значками на стене.
И только тень растерзанного рая
Сгущала соль в отравленной слюне,
Реальность мира удостоверяя.

Во двор, в новорожденный понедельник
Я вышел наболевшей тишиной,
Где три звезды в забавах рукодельных
Веретено крутили надо мной.
В нагорьях дров потрескивали мыши.
Вокзальный садик над зигзагом крыши
Упругие топорщил зеленя.
Здесь все дышало, ерзало, пыхтело,
И думало, и жило за меня,
Глухой тоске предоставляя тело.

Товарняки текли по гулким жилам,
Шипел в троллеях грозовой накал,
Покуда я транзитным пассажиром
В ночные тайны нехотя вникал.
Землистый мир пакгаузных коробок
Вдоль полотна негаданно бок о бок
Сожительствовал с шатким тростником,
Мой сонный мозг загадками опутав,

Абстрактнейшим раздумьем ни о ком,
Без примеси реальных атрибутов.

Чадили окна духотой казармы,
Молочный пруд светился вдалеке.
И я сжимал, как кукольник базарный,
Тугие нити в потном кулаке,
Как фокусник без должности и места.
В обрывках осторожного норд-веста
Консервной жестью лязгала листва.
Бездомный пес мочился под черешней.
И не было на свете естества
Всесильнее меня и безутешней.

Но в миг, когда душа по бездорожью
Переселялась в новое число,
Огромной ночи тушу носорожью
Вдруг хохотом безумным сотрясло.
Он прокатился с триумфальным воем
Над зыбким, неприкаянным покоем,
Где правил сон бездумно и темно,
Над сетью рек и перелесков дачных
И там, вверху, где три звезды коньячных
Крутили надо мной веретено.

## Медленная баллада

Скитались по лестницам, дымно и тяжко,
Отравным «Памиром» давились в углу,
Где облачный свет, как ночная рубашка,
Прозрачным соблазном стекал по стеклу.
На срезах сердец полыхала обида,
И корчился полдень на кромке витка
Экранными бликами в кадре рапида,
Растерянный жест растянув на века.

Жара набухала, как мусорный ящик.
Дымилось перо на литом верстаке,
Черкая бумаги в поток исходящих
С нечаянным матом в казенной строке.
Пузырились гребни бумажного теста,
В курятнике мыслей гнусавил хорек,
Как будто мгновенье не двигалось с места,
Как будто минута текла поперек.

Брели наобум коридорным ущельем,
Сквозь строй турникетов плелись не спеша,
Где сонный вахтер изможденным кощеем
Скупое бессмертие пил из ковша.
Паскудили бронхи автобусным чадом,
В газетном окне наблюдали Вьетнам,
Жевали. И все это было началом
Единственной жизни, позволенной нам.

Ночной циферблат, увеличенный втрое,
Столетие в липах минут на пяток,
Как будто в земной перегретой утробе
Сорвался со шкива ременный поток.
Галантные па напомаженным сукам,
Пол-литра по кругу в подъездной тиши.
Курили. И все это было досугом,
Восторгом, хоть кол на макушке теши.

Качалась луна, облаками перната,
Проскальзывал поезд, как нить с челнока,
Но медлила полночь, как медлит граната,
Когда в кулаке леденеет чека.

Впотьмах предавались минутному счастью.
Толклись на панелях, себе на уме.
И время клонилось к рассветному часу
Так медленномедленномедленноме...

\* \* \*

Дремал на крышах облачный колосс,
Текли машины не переставая.
Под ободами сплющенных колес
Натруженно гудела мостовая.
Мороженщицы прятали возки,
Пестрели лица темными очками,
И дворники носились взапуски
За пыльными газетными клочками.
Пора была и вправду нелегка,
Жила жара в бетоне и железе,
Но все цвело, и пчелы тяжелели,
Наощупь добираясь до летка.

Дышали вербы гарью заводской,
Томила пустота предгрозовая,
А мы с утра сидели за рекой,
Заботы городские забывая.
Товарищи тогдашние мои —
Их имена поди теперь, упомни.
И запахи заржавленной хвои,
И солнцепек, до тления упорный,
Тяжелый, ослепительный песок
И тополя, осыпанные ватой,
И прямо над водой зеленоватой
Мостки из покосившихся досок.

А многое и вспомнить тяжело,
Слабеет свет и память засыпает.
Кто виноват, что прошлое прошло,
А будущее все не наступает?
Осенним днем присядешь на кровать,
Скользнешь глазами по намокшим крышам,
И хочется рассказывать о бывшем,
О невозвратном вслух повествовать.

\* \* \*

Выйди с вечера к ручью
В неутихшем гаме.
Землю теплую, ничью
Выстели шагами.
Песню тихую шепча,
Прислонись к осине,
Подсмотри полет грача
В предзакатной сини.
Светят в сетке камыша
Городские зданья.
Как щемяще хороша
Свежесть увяданья!
Тонких рек живая ртуть,
Листьев тон звучащий —
Скоро птицам в дальний путь,
За моря и чащи.
Серебрятся облака
В проступивших звездах,
Словно лужи молока,
Пролитого в воздух.
Провисают провода
На столбе высоком.
Скоро времени вода
Повернет к истокам.

\* \* \*

Несло осенними пожарами.
Дымилось солнце над дорогой.
И тучи гончими поджарыми
Срывались с привязи нестрогой.
Листва с берез летела стаями,
Как вальдшнепы к поре отстрела,
И утро в щелку между ставнями
Так испытующе смотрело.
Все было в спешке, было некогда,
И рассветало, и смеркалось,
И сетка дождевого невода
Над пыльным городом смыкалась.
Я перегонами проворными
Пересекал шестую зону,
А ты стояла за платформами
В глухом пальто не по сезону.
Дома коробило рогожами,
Кружились ветры оперенно,
И равнодушными прохожими
Слонялись липы у перрона.
И укорял ненужной выдержкой
В холодной жиже заоконной
Твой дальний взгляд, такой невидящий,
Такой немыслимо знакомый.
Дрожал асфальт, блестящий лаково,
Гремела иноходь людская.
И ты, испуганная, плакала,
Меня навеки отпуская.

\* \* \*

Входит ветер, года отмечая,
Контролером в трамвайный салон.
И глоток тепловатого чая
Достоверней меня за столом.
Теплый ветер держу на ладони,
Пробужденному телу не рад.
Тишины естество молодое
Убедительней тысячекрат.
Здесь не место растерянной злости,
Просто был я до времени глух.
Летний воздух торопится в гости
Исповедовать мышцы и кости,
Перекраивать зренье и слух.

Неспроста моя кожа землиста
И рассудок в смертельном пике.
В этом теле душа казуиста
Квартирует на скудном пайке.
Ей полезней пожить самотеком,
Не загадывать жизнь далеко,
И на кухне из чашки с котенком
Выпивать по утрам молоко.
В хлебном поле в канун изобилья
Не нащупаешь торной стези.
У гармонии тяжкие крылья,
Терпеливая поступь кобылья
И копыта в ноябрьской грязи.

\* \* \*

И вновь, через годы, без боли и гнева,
Под северным небом нагим,
Прощай, моя участь, волшебница Ева,
Легко ли тебе за другим?
Ни строчки упрека, ни слова протеста —
Так пасмурно было вдвоем.
И нет в моем сердце вакантного места,
И нет его в сердце твоем.

Прощай, моя робость, украдка ночная,
Грозы говорливый перун
В том ласковом мире, где, жить начиная,
Я песней срывался со струн.
Где бережный шепот ресниц и вязанья,
Кольцо соколиных погонь,
Вечерних прогулок тропинка фазанья,
Зрачков обоюдный огонь.

Без соли в глазах, золотая свобода,
Без риска остаться одной —
Спасибо за свет с твоего небосвода,
За воздух в решетке грудной.
Мне впору твой профиль на облаке высечь,
Чтоб памяти проще жилось.
Спасибо за имя твое среди тысяч,
За цвет отшумевших волос.

Прощай, моя вера. За синим Уралом
Закат растворил города,
И медленный год в этом воздухе алом
Лицо твое стер навсегда,
Чтоб новая жизнь поднималась и крепла
На смену ушедшей сестре.
Прощай, моя молодость, феникс из пепла,
Зеленая ветка в костре.

* * *

Разлуки истовые свечи
В сердцах пылают до венка.
Уже пароль повторной встречи
Впечатан в нашу ДНК.

Сознанье истовые снасти
Расправит в области иной,
И будет совестно отчасти,
Что мы грядущему виной.

Учись искусству прототипа
До пресеченья колеи,
Чтоб кривизной не прохватило
Тебя и оттиски твои.

Останься ветреным и свежим
До генетических глубин,
Подобно телу над манежем,
Когда отстегнут карабин.

* * *

Опять в фаворе транспорт водный,
Готовы склянки для битья.
Весенний лес полуголодный
Пронзает пленку забытья.

Меж берегов расправлен снова
Сирены судорожный вой.
Так недосказанное слово
В щели блуждает горловой.

Парок струится ядовитый,
И судно резвое бежит
Туда, где сонный Ледовитый
В хрустящей корочке лежит.

И сладко жизни продвигаться
По свету из конца в конец
Судами ранних навигаций
В синхронной музыке сердец.

\* \* \*

На лавочке у парковой опушки,
Где мокнет мох в тенистых уголках,
С утра сидят стеклянные старушки
С вязанием в морщинистых руках.
Мне по душе их спорая работа,
Крылатых спиц стремительная вязь.
Я в этом сне разыскивал кого-то,
И вот на них гляжу, остановясь.
Одна клубки распутывает лихо,
Другая вяжет, всматриваясь вдаль,
А третья, как заправская портниха,
Аршинных ножниц стискивает сталь.

Мгновение неслышно пролетело,
Дымок подернул времени жерло.
Но вдруг они на миг прервали дело
И на меня взглянули тяжело.
В пустых зрачках сквозила скорбь немая,
Квадраты лиц — белее полотна.
И вспомнил я, еще не понимая,
Их греческие злые имена.
Они глядели, сумеречно силясь
Повременить, помедлить, изменить,
Но эта, третья, странно покосилась
И разрубила спутанную нить.

* * *

На пригород падает ласковый сон,
Желаний прозрачная завязь.
Латунные листья звенят в унисон,
Луны напряженно касаясь.
По горло окутал дощатый барак
Стекающий с крыши муаровый мрак.

Задвинута память на прочный засов,
Спокойные мысли короче.
Все реже и реже огни голосов
Мигают в безмолвии ночи.
И кажется, ветер неслышно зовет:
Останься на месте, усни без забот.

Запутались звезды в седом волокне
И некуда дню торопиться.
Чего же ты ищешь в погасшем окне,
Ночная ворчливая птица?
Зачем ты с разлета ныряешь в стекло
И крыльями бьешь тяжело, тяжело?

Покой у порога, невидимый гость
Заезжим зовет одноверцем.
Но дух несогласия, яростный гвоздь
Таишь ты под зябнущим сердцем.
И светится в лужах ночная вода.
А сердце стучит: никогда, никогда.

\* \* \*

Что касается любви — малярия мне знакома.
Относительно весны, эскалаторов метро —
Убедительно прошу: объявите вне закона.
Что-то важное в бегах, что-то лучшее мертво.
Относительно весны — если есть над нами боги,
Я просил бы страшных зим, остроты минувшей боли,
Светопреставленья, что ли, — как ваш май неотразим!

Относительно стихов — эти будут не из лучших,
Не светиться, а зиять, как изнаночные швы.
Всю бы искренность сменял на любви мельчайший лучик.
Поражение за мной, победитель — это вы.
Кто приостановит бред, кто растопит ветер снежный?
Видно, кто-нибудь из вас, доверительный и нежный,
Там, на площади Манежной, здесь — открывши на ночь газ.

Что касается души, относительно болота,
Обращающего в торф сотворенное расти, —
С приземленьем, шер ами, с окончанием полета,
С наступлением весны, с карамелькою в горсти!
Потолкайся меж людей, на вокзале, у парома:
Выбирают перемет в легкую ладью Харона,
Чей-то поезд у перрона, птиц осенний перелет...

\* \* \*

эти женщины в окне
торопливые соблазны
все движения в огне
предварительно согласны
пальцы липкие по шву
губ лекарственная сода
я не знаю чем живу
это лето без исхода
этот пагубный июль
с обольщением проворным
словно горсточка пилюль
с легким действием снотворным
снова окна через двор
звездной россыпью привычной
скоротечный уговор
царство похоти первичной
небосвод в глазной воде
недоверчивая шалость
никому никто нигде
отказаться соглашаясь

## Цирк

Контрамарка в антракте, и в огненном перце
Темно-бурое небо над пеной пивной.
И опять, на невидимых нитях трапеций,
В нарочитой улыбке, к партнеру спиной.
Вот истошным туманом нейроны окутал
Медногорлый оркестр, и с размаху назад,
В поединке иллюзий, раскрашенных кукол,
С деревянных сидений глядящих под купол
И других, что под куполом чутко скользят.

Тишина, как ребенок, наморщила лобик,
Небывалой жар-птицей расправила хвост.
Мы — одно естество, лицедей и поклонник,
Многорукое тело под куполом звезд.
Вот напрягся один в помешательстве жабьем,
Вот ужимкой ужа изогнулся другой —
Так глядим друг на друга с немым обожаньем,
Кто скамью истирая в убожестве жалком,
Кто, как бог, высоту рассекая дугой.

Здесь годами бок о бок кружат безрассудно
Наши тайные страсти до спазма в кистях.
Мы уйдем до финала — одни от инсульта,
А другие — в опилках ломая костяк.
Мы поднимемся вновь, от Москвы до Ямайки,
Говорливой рекою затопим шатер,
Мы поднимемся вновь, ядовитые маки,
В раскаленных ладонях зажав контрамарки,
Как одно естество — человек и актер.

## Царевич

Тощий призрак лицом из мела,
Мертвый ужас под потолком.
Государственная измена,
Обвинительный протокол.

Пляшут нервы — полундра, дескать, —
В утомленных речах разлад.
Из угла венценосный деспот
Как базуку наводит взгляд.

Не упорствуй в аффекте кротком,
Не томи, как осенний дождь.
Скоро, скоро под подбородком
Тела прежнего не найдешь.

Только призрак прозрачней воска,
Только пленка над пустотой —
Мой прообраз, безумный тезка,
Изолгавшийся и святой.

Государь нашумел для шика,
Царство ситечком процедив.
Он провидец, а ты — ошибка,
Возмутительный рецидив.

Скоро, вышколены и юрки,
Повылазят в людской содом
Корсиканцы, рубаки, урки,
Не представшие перед судом.

И над миром свинцовой льдиной
Прогремит в облаках, трубя,
Католический, триединый,
Отступившийся от тебя.

Воют ветры в солдатских ранцах —
То-то маршалов напекли.
А наследники в оборванцах
Ошиваются до петли.

За стеной до озноба сыро,
И, как прежде, недалека
Синекура царского сына
От вакансии дурака.

## Невский триптих

I
Дальше к западу гулкие стены,
Переплеты асфальтовых жил.
Так простимся по-доброму с теми,
Кто в отчизне меча не сложил.
Злобный ветер провыл над Сенатской,
Над сугробами воска-сырца.
Стали ментики — рванью солдатской,
Темным торфом — живые сердца.

Этот бич просвистел не случайно,
Никому не уйти от судьбы.
Вдоль дорог от Невы до Сучана
Черепа украшают столбы.
Провода запевают тугие,
Темный ливень с гранитной скулы.
Над лесами звенят литургии,
До небес полыхают стволы.

Дальше к западу зимнее небо,
Терема из костей возвели.
Я прошел этим городом гнева
От вокзала до края земли.
Я возник из декабрьской метели
С поцелуем судьбы на виске.
И столетние гвозди кряхтели
Подо мной в эшафотной доске.

II
Лунный ливень по выгнутым шеям,
Горький камень под крупом коня.
В этой бронзе и в камне замшелом
Не сыскать нас до судного дня.
Острова неподвижны и хмуры
В пароксизме корыстной тоски.
Мы — глазастое племя, лемуры,
Совестливого студня мазки.

Вьется облако раненой птицей,
На стволах — золотая пыльца.
Я устал от ночных репетиций
Леденящего душу конца.

Самолетик с серебряной ниткой
Пауком над фабричной трубой.
На рассвете у стрелки гранитной
Флегетона свинцовый прибой.

Ночь без шороха, дым без движенья,
Крик без голоса, выстрел ничей,
Как Помпеи в канун изверженья
С пересветом стеклянных очей.
Так смотри же до гибели зренья:
Нежный пепел ложится вокруг,
И мостов разведенные звенья —
Словно взмах остывающих рук.

III
Будь ты Иов собой или Каин —
Это имя сгорит между строк.
Человек обращается в камень,
Продлевается городу срок.
Пирамиды в удел знаменитым,
Некрологи в осьмушку листа.
Мы останемся невским гранитом
И чугунным скелетом моста.

Сентября колдовские парады,
С молотка пожелтевший товар.
Ты стоишь у садовой ограды,
По колени уйдя в тротуар.
Жухлый мрамор, сезонная раса,
Литосферы трагический гнет.
Нас оденут в листы плексигласа —
Только осень сильнее дохнет.

Фосфористые иглы бизаней,
Тишины нежилой водоем.
Раствори меня, рай обезьяний,
В неподатливом камне своем.
Над заливом — туман осторожный,
Над Васильевским — свод листовой.
Уложи меня, мастер дорожный,
В основанье твоей мостовой.

\* \* \*

Подходит лето. Шаг его негромок.
В сетях сирени зыбкий аквилон.
Живое сердце рвется из постромок,
Телегу лет толкая под уклон.

В щемящий час, сирени, как вахтерше,
Вручая ключ от радости земной,
Вдруг ощутишь, что нет утраты горше,
Чем перевал, лежащий за спиной.

Прости мне соль, что к памяти налипла —
Второй судьбы вовеки не иметь.
Над всем столетьем вздрагивает хрипло
Зари заката духовая медь.

Быть может, все, что в силах удержать я,
Влача в секрете по составам лет, —
Улыбка глаз, тепло рукопожатья
И поцелуя выветренный след.

\* \* \*

У лавки табачной и винной
В прозрачном осеннем саду
Ребенок стоит неповинный,
Улыбку держа на виду.
Скажи мне, товарищ ребенок,
Игрушка природных страстей,
Зачем среди тонких рябинок
Стоишь ты с улыбкой своей?
Умен ты, видать, не по росту,
Но все ж, ничего не тая,
Ответь, симпатичный подросток,
Что значит улыбка твоя?

И тихо дитя отвечает:
С признаньем своим не спеши.
Улыбка моя означает
Неразвитость детской души.
Я вырасту жертвой бессонниц,
С прозрачной ледышкой внутри.
Ступай же домой, незнакомец,
И слезы свои оботри.

* * *

Надвигается вечер, стахановец в темном забое.
Исполняется время, судьбой запасенное в срок.
Прежде сумерек свет — остальное не стоит заботы,
Только б свету над нами гореть установленный срок.

Скоро спрячется мир под широкую лопасть прилива.
Наши нежные лица от прожитой жизни черны.
В этот солнечный миг даже кровь в наших венах пуглива,
И спидометр сердца дрожит у граничной черты.

Я прощу себе детство (а жизни уже половина),
Затянувшихся игр обращенные к небу дворы.
Успокойся, малыш, неудача твоя поправима,
Только б верхнему свету не гаснуть до смертной поры.

И покуда земля не сойдет с журавлиной орбиты
И февральский закат не расколется, медно звеня,
Надо бережно жить, не тая ни вражды, ни обиды,
Как бывает во сне после долгого летнего дня.

Чтобы веру иметь и любовь находить непохожей,
Хлопотливым народам и каждому на одного
Нам от Бога нужна только звездочка пульса под кожей
И, наверное, свет, потому что темно без него.

\* \* \*

Я хотел бы писать на латыни,
Чтоб словам умирать молодыми
С немотой в тускуланских глазах
Девятнадцать столетий назад.

На три пяди рассудок распахан,
И березы по краю стеной,
Чтобы ветер в секунду распада
Заворачивал ток временной.

Мы аидово племя и только,
Сотворенному жить не судьба.
Я за тех, кто растет без итога,
Параллельно и против себя.

От юнца до замшелого деда
В бонапарты глядят простаки.
У фортуны известное дело —
Колесо летописной строки.

Оставайся полынью и злаком,
В мире фауны каждый неправ,
И пиши с отрицательным знаком
Языком вымирающих трав.

* * *

*Б. Кенжееву*

Опять суетливый Коперник
Меняет орбиту мою.
Спасибо, мой добрый соперник,
За память в далеком краю.

Поверить — не значит смириться,
Надежда не знает стыда.
Со мной ваши прежние лица
И лучшие дни навсегда.

Мне выпало жить, не умея,
В эпохи крутой перелом,
Но мудрая тень Птолемея
Сидела со мной за столом.

Оставим навеки друг другу
Тот мир за железной рекой,
Где солнце ходило по кругу
И звезды хранили покой.

Нальем за рожденную в споре,
Нечаянных ссор не тая,
За дружбу, которая вскоре
Вернется на круги своя.

\* \* \*

Каждый злак земли подо мной
Наделен ощущеньем меры,
Каждый паводок, всякий гром.
Наступленье умеренной эры
Ощущается всем нутром.
Не расти по оврагам лесу,
По шоссе не бежать ручью.
Соглашаемся на ничью.

К прежним играм вкус утрачен
Навсегда, и жребий лег на ребро.
В кошельках звенит серебро,
Кирпичом проезд обозначен.
Нет ни золота, ни алой меди.
Землеройки в погребе перевелись,
Передохли медведи,
Воцарились заяц, лиса и рысь.

Мы совьем гнездо
Меж Евфратом и Стиксом, адом и раем.
Пару соток под застройку,
Под огурцы отвели.
В детских сказках тарпаны и туры
Копытами мнут ковыли.
Мы остались в пустом кинозале,
Костер развели,
Вымираем.

Наступает эра коттеджей,
Маловеров и медиан.
Шепетовский меридиан.

\* \* \*

В мокрых сумерках осенних
Постучится у крыльца
Неотвязный собеседник,
Тень без тела и лица.

Сестры тихие в палате,
Темный сок из-под бинтов.
Я спущусь к нему в халате:
Извините — не готов.

Он пером почешет в ухе,
Словно веником в шкафу,
Зачеркнет в своем гроссбухе
Надлежащую графу.

Скрипнет свежая перчатка,
Дробный дождик по плащу:
Извините — опечатка;
Будет время — навещу.

Утром кровь на ревмопробу,
В вене светлая игла,
Долгий путь чужому гробу
Мимо сквера до угла.

\* \* \*

В горький снег окуну рукавицы,
В зону ночи войду напролом.
Потемнело стекло роговицы —
Ни звезды под вороньим крылом.

На засовах заботы дневные,
Шепот сердца едва уловим.
Тишины потолки ледяные
Над ослепшим жильцом угловым.

Окружен голубыми ужами,
С большеглазым лицом малыша,
Я стою в аккуратной пижаме,
Оглянуться боюсь, не дыша.

Всем живым, что болит в человеке,
Мы затихнем с пургой заодно.
Это время проходит навеки —
Никогда не проходит оно.

\* \* \*

Тихий звон в мановение мига,
Вздрогнул анкер на полном скаку.
За жильцов ежедневного мира,
За анкет волевую строку.
Доцветает оконная рама,
И граненые стопки тверды
В снисходительном визге бурана,
В снежном сердце кипчакской орды.

Это полночь, раскосая дева,
В канители стоит зелена,
Целина состраданья и гнева,
Первобытных умов целина.
Плачет молодость в бубне шаманском,
Подмерзающий год неглубок.
Полстраны по колено в шампанском,
И с маслиной летит голубок.

Новый срок под лихую погоду
В тихом блеске грядет из монгол.
Этот Гринвич проходит по горлу,
Отсекая сердца от мозгов.
Но без ропота, тенью повинной
Под январское небо войду.
Мой обрубок с твоей половиной
Сочленится в минувшем году.

* * *

Рассудок — это слишком резко,
Не обойдешься головой.
В ней много вычурного треска,
Унылой спеси мозговой.

У нас в ходу ланцет и призма,
Но суть разъятая бедна.
Под черным камнем силлогизма
Вся истина погребена.

Быть может, гордая наука
Для лучшей жизни хороша,
Где царство тяжести и звука,
И время длится не спеша.

А в нашем космосе отпетом,
Чей смысл сквозь вещи не пророс,
Ты сам старайся быть ответом
На свой незаданный вопрос.

* * *

Третий день человек растерян,
И прогноз деловито прост:
Ожидается бунт растений,
Древесины попятный рост.
Он рассеялся в пыль как будто,
По окрестным полям кружа.
Он живет в ожиданье бунта,
Недорода и падежа.

Больше злаки не выйдут в колос,
Будет дуб толщиною в волос,
Эвкалипты — травой лечебной,
Не крупнее луковых стрел.

Но тревога была учебной,
И ячмень аккуратно зрел.
Человек воскрешен из праха,
Сеет новые семена.
Но живет в ожиданье страха
И дает ему имена.

\* \* \*

Горящий контакт разомкнулся в груди,
И я не расслышал твое «уходи».
Минутный Тангейзер, салонный ломака,
Летучих страстей заводной инструмент.
Но луч рикошетный в периметре мрака
И древних обоев сквозной позумент
Впечатали в кровь терпеливые ласки:
Так держит олифа столетние краски
И камни руин — отвердевший цемент.

Предутренний свет рассекает слюда
Неловко, на два непохожих подобья.
Мое «до свиданья» — твое «навсегда».
В твоей наготе не оставил следа
Мой жадный, мой бережный взгляд исподлобья.

Я знаю: тогда, в петроградском дворе
Сработал закон хромосомного кода.
Мы только фигуры в великой игре.
Нас день уберег от неверного хода.
Но крепок раствор, и доныне во мне
Расколотый камень в цементной броне.

\* \* \*

Внедряя в обиход ночную смену суток,
Где голый циферблат смыкается в кольцо,
Мы окунаем жизнь в голубоокий сумрак,
Чтоб утром воссоздать повадку и лицо.

И то, что в нас живет, и то, что дышит нами
От вязки пуповин до выдоха в ничто,
По скудости души мы именуем снами,
С младых ногтей в мозгу построив решето.

Тому, кто будет мной, когда меня не станет,
Я завещаю речь, голубоокий свет
В краю, где сон и явь меняются местами
И выверен итог в столбцах житейских смет.

Я понял твой урок, сновидческая раса,
Пронзая сферу сна, как лазерный рубин.
Я — спящий часовой предутреннего часа,
В котором светлый день возводят из руин.

* * *

Когда скворцов опасливая стая
Раскинется над нами чередой,
Материя нездешнего состава
Заговорит в коробке черепной.
С подобным соглядатаем извольте
Крутить мозги малаховской изольде,
Анапестом тетрадку линовать
В ольшанике, где лето на излете
И вскоре снег, и льда не миновать.

Один недуг — бессонница, цинга ли —
Агония сентябрьского тепла,
Когда деревья, дачные цыгане,
Выпрастывают темные тела.
Окончен праздник, птичий и медвежий.
Уходит лето с топких побережий,
Как из ладоней трепетная ртуть.
И человек, как табор переезжий,
Внутри себя прокладывает путь.

На даче снег, вороний скрип холодный —
Нырнуть в постель и отоспаться всласть.
Но человек на зимний лов подледный
Заботливо отлаживает снасть.
Он сам придумал зимнее уженье,
Он видит жизни тайное движенье,
Под коркой льда набухшее зерно.
Он смысл земли, ее изображенье,
Творения последнее звено.

\* \* \*

К чертям контрапункты — трагедия ищет азов.
Срастаются губы, как будто язык арестован,
Но плоть на трибуне, и плоти отчетливый зов
Толпе абонентов на равных паях адресован.

Но плоть у шлагбаума, вечен проклятый вопрос.
В таких постулатах душе уготована гибель.
Из корня Евклида изысканный Риман возрос,
Но в почву Эллады вернулся пресыщенный Гильберт.

Душа суверенна в свиданиях жил и костей,
Но стиснута плотью, и нами забыта постольку.
И надо воздвигнуть по калькам античных страстей
Из пепла теорий — любви роковую постройку.

\* \* \*

Ни лица, ни голоса больше,
Телефонный набор имен.
Все измерено, все как в Польше —
Договаривай, кто умен.
Больше в упряжи не балуем,
Поздней мудрости пьем бальзам.
Прежде в сумерках поцелуем —
Нынче лезвием по глазам.
Звезды осени, горки пепла,
По затмению на любой,
С той поры, как любовь ослепла,
Только ненависть на убой.
Жутко, Господи, одиноко,
Словно в моечной пиджаку,
Словно в сельве над Ориноко
Комсомольскому вожаку.

\* \* \*

Полыньями в алую кайму
Ледостав по травяному ложу.
Шорохом звезды не потревожу,
Окликом не выдам никому.
Тень моя колышется неловко,
Словно строк попарная рифмовка
В широте Гомеровых морей,
Становясь прозрачней и мудрей.

Из окна, из белого квадрата,
Где сосна струится наотвес,
Я сойду, как пращур мой когда-то,
В пустоту сиреневых небес,
В незапятнанное междуречье,
Чтоб молвы туда не донесло
Из долин, где тело человечье
Продолжает жизни ремесло.

## Каменная баллада

Пока я по свету брожу, полунем
От водки, в железном плену обихода,
Как тысячи лет до меня Полифем,
Пока за околицей спит непогода,
И мы в луна-парках, безумно горды,
Досуг предаем соловьям и гвоздикам,
Планета о камне поет безъязыком
Шершавым размером моренной гряды.

Обрыв, на который еще малышом
Я вышел в наследственном праве потомка,
Уходит во мрак, где торчат нагишом
Поющие скалы из пены потока.
Мы в рай обратили земной майорат,
Но нет нашей воли в кромешных глубинах,
Где долгие мили камней нелюбимых
О каменной жизни впотьмах говорят.

Я верю в упорство древесных корней,
Где высшая ставка на каждую почку.
Но как отыскать среди темных камней
Для бережной жизни надежную почву?
Их мертвый порядок с живым незнаком.
От наших теорий гранит не умнеет,
А смертное горло пропеть не умеет
Мелодию камня своим языком.

Мы женщин целуем у жухлых осин,
Отборной пшеницей поля засеваем,
Мы строим заводы, мы жжем керосин,
И ногти стрижем, и друзей забываем.
Мы пленные овцы, загон на замке,
Не ведаем смысла закатного блика.
Планета дрожит от беззвучного крика,
А мы говорим на своем языке.

В осенних садах опадает листва,
Растут поколенья с упорством недужным,
Но смертное тело не знает родства
С плитой диорита, с базальтом наружным.

Беснуется магма в земном позвонке,
Алмазная месса звенит перед Богом,
Поющие камни идут по дорогам —
А мы говорим на своем языке.

\* \* \*

Курносая тень принимает швартовы.
Дыхания больше не трать.
Летит наше время, но мы не готовы —
С какой стороны умирать?

Шуршат под ногами колючие злаки,
Со стеблей летят семена.
Нас жизни учили дорожные знаки,
А здесь — навсегда целина.

Курносая тень, соименница ночи,
Зачем твое поле мертво?
Вчера еще девушек тихие очи
Меня согревали в метро.

Я жизни отмерил смертельную дозу,
Избытком ума не греша.
Я голым пришел к твоему перевозу,
Не взявши с собой ни гроша.

\* \* \*

Полуживу — полуиграю,
Бумагу перышком мараю,
Вожу неопытной рукой.
Вот это — лес. Вот это — речка.
Двуногий символ человечка.
И ночь. И звезды над рекой.

Дыши, мой маленький уродец,
Бумажных стран первопроходец,
Молись развесистой звезде.
Тиха тропа твоя ночная,
Вода не движется речная
И лес в линованной воде.

Я сам под звездами немею,
Полухочу — полуумею,
Прозрачный, маленький такой,
С тех пор, как неумелый кто-то
Меня на листике блокнота
Изобразил живой рукой.

* * *

Судьба играет человеком
До смертной сырости на лбу.
Но человек берет из шкафа
Свою красивую трубу.

Она лежит в его ладонях,
Умелой тяжестью легка,
И полыхают над эстрадой
Ее латунные бока.

Как он живет, как он играет
В приемной Страшного Суда!
Он в каждой песне умирает
И выживает навсегда.

Он звездной родиной заброшен
На землю драки ножевой,
Такой потерянный и детский,
Еще живой, еще живой.

\* \* \*

В стороне, что веками богата,
Подытожив земные года,
На поляне лежал Татхагата,
Перед тем как уйти в никуда.
Шепот смерти звучал, как команда.
Вечный свет затмевался и гас.
И спросил его верный Ананда:
«Почему ты уходишь от нас?»

И ответил ему, умирая,
Татхагата: «Мой брат и слуга,
Посмотри, как из южного края
Возвращаются птицы в снега.
Мы избегнем пожизненной казни
За чертой, где молчанье бело,
Если сердце не знает боязни,
Если в воздухе держит крыло».

* * *

Лучше за три сибирские Леты,
Через тундровый мак навсегда,
Где ведут юкагиры и кеты
Протокол выездного суда,
Где за нерпой тотема в трехмесячный мрак
Персефона стремит умиак.

Темнотой окольцованы годы,
Нет весов для сравненья заслуг.
Ремесло подневольной свободы,
Нелюбви терпеливый досуг.
Басилевсу — тавро, колесница — рабу;
К одному нас поставят столбу.

Я и мертвый спрошу о немногом,
Если к судьям прорваться смогу:
Для чего мы устроены Богом
Без аршина и фунта в мозгу?
Нам отмерили век серебро и свинец.
Что же выпадет нам под конец?

* * *

Жил на свете мальчик детский,
Лыко плотное вязал.
Уходил на Павелецкий,
На Савеловский вокзал.

Надевал носки и брюки,
Над вопросами потел.
Все пытался по науке,
Все по-умному хотел.

Тряс кровать соседской дочке,
Тратил медные гроши.
Все искал опорной точки
В тонком воздухе души.

Этот мальчик философский
В суете научных дней
Стал умен, как Склифосовский
Даже, видимо, умней.

Но не смог он убедиться,
Мозгом бережным юля,
Как летать умеет птица
Без мотора и руля.

Так давайте дружным хором
Песню детскую споем,
Как летает птица ворон
В тонком воздухе своем.

* * *

Все будет иначе гораздо,
Намеренно вряд ли совру:
За крайней чертою маразма
Поставят иную страну.
Военную спрячут секиру,
Напишут закон без затей,
И добрые матери миру
Родят ясноглазых детей.

Но в жизни по Божьим канонам
Теченье времен таково,
Что в этом содружестве новом
Не вспомнят из нас никого.
И здорово кто-то обижен,
Усердствуя в поте лица,
Что память о скудости хижин
Исчезнет в достатке дворца.

Быть может, я жил небогато,
С плодами любви незнаком,
И муза, страшна и рогата,
Ходила за мной с узелком.
Мне было любить не под силу,
В расцвете души молодом,
Холодную тетку Россию
И ветра пожизненный дом.

Но я не духовные гимны —
Военные песни пою.
И строки мои анонимны,
Как воины в смертном бою.
Я вырос в скрещенье потоков,
Где кожа с души сведена.
Я сам, с позволенья потомков,
Срываю с себя ордена.

\* \* \*

Зачем же ласточки старались?
Над чем работали стрижи?
Так быстро в воздухе стирались
Тончайших крыльев чертежи.
Так ясно в воздухе рябило —
И вот попробуй, перечти.
Так моментально это было —
Как будто не было почти.

И мы вот так же для кого-то
Плели в полете кружева.
Но крыльев тонкая работа
Недолго в воздухе жива.
К чему пророческие позы
Над измусоленным листом?
Мы только ласточки без пользы
В ничейном воздухе пустом.

* * *

*С. Гандлевскому*

Ах, отчего не может сбыться
Зимы период меловой,
Когда рассерженная птица
Кромсает свет над головой?
Уже по краешку обметан,
Зима снижается, и вот он
У доброй вечности в руках.
Ему не кончиться никак.

Когда нам меловые сутки
Наносит строгая зима,
Мои чрезмерные поступки
Не предают во мне ума.
В стране снегов и белых пятен
Мой черный цвет невероятен.
Но к очагу меня ведет
Толковый, правильный народ.

Кружится черная снежинка,
Кромсая свет по сторонам.
Зачем же времени машинка
Февраль отстукивает нам?
Горит луна из черных ножен.
Какой февраль теперь возможен?
В поля пугливой конопли
Уходят жизни корабли.

Когда на войлочных подковах
Зима взберется на порог,
Меня в застолье у толковых
Осудят вдоль и поперек.
Но в календарной сетке буден
Еще не всякому подсуден
Мой первый свет и первый день
Безумной жизни набекрень.

Пока размеренная птица
Сшивает пестрые года,
Я пью за то, чему не сбыться,
Чему не сбыться никогда —

За ночь над тушинским ночлегом,
За белый свет над черным снегом,
Где мы у Бога под рукой
В прощальной жизни никакой.

\* \* \*

Сотрутся детали рисунка
Побегами рек в январе.
Но сердце, как щенная сука,
Вернется к родной конуре.
Обрушатся кровли в Содоме,
Праща просвистит у щеки,
Но будут возиться в соломе
Любви золотые щенки.
И, выпрямив стебли тугие,
Из смертного крика толпы
Взойдут тростники ностальгии,
Ее соляные столпы.

Отечество, миф о Дедале,
Архангелов тонкий помет.
Но если сотрутся детали —
Кто целому цену поймет?
Навеки без вящего смысла,
Как мухи у липкого рта,
Названий халдейские числа:
Сучан, Колыма, Воркута.
Иштар на вершине пилона
Лицом затмевает луну.
Голодных детей Вавилона
Томят в иудейском плену.

Сотрется росистая балка,
Где плоть привыкала к труду.
Сотрется российская бабка
С клубникой в базарном ряду.
Забудутся клятвы и ссоры,
Измятый трамвайный билет.
Пройдут эшелонами соли
Десятки обманутых лет.
Но пульс не собьется с пунктира,
Покуда стоит Вавилон,
Покуда на стогнах Путивля
Иштар раздирает нейлон.

\* \* \*

Пой, соломинка в челюсти грабель!
Уцелевшие — наперечет.
Вот судьбы цилиндрический кабель
Из заплечной катушки течет.

Пой, травинка в зубастом железе,
Audе реби уплывающий грунт.
В электрическом тонком надрезе —
Тишины кристаллический труд.

Телеграфная Божья гитара,
Одуванчика сорванный крик.
В цилиндрической песне металла
Круговые сеченья впритык.

В наслоениях млечного сока
Сквозь степной журавлиный помет
Возникает течение тока,
Электрический голос поет.

И недаром в обрыве теченья,
Где озоном мой воздух запах,
Я судьбы круговые сеченья
В искалеченных стиснул зубах.

\* \* \*

Как бы славно перестать
Все на свете понимать.
Отменить полет букашки,
Запах клевера и кашки
О колено поломать.
Сесть на краешке с любовью
Там, где высится едва
Вроде перечницы с солью
Легкой ночи голова.

Император Марк Аврелий
В тонкой плесени чернил
Паче Нобелевских премий
Мысли умные ценил.
Мы забот его не знаем,
Размышляем не везде:
Мухам лапки обрываем,
Небу глазки вырезаем,
Косим дождик на заре.
Мы живем, не вызывая
Глупой зависти ни в ком,
Там, где голая ночная
Голова стоит торчком.

\* \* \*

И рождаться, и жить позабудем.
Подгоревшего сердца на треть.
Ни к чему человеческим людям
Вулканической пылью гореть.

Я взгляну из альбомного кадра,
Воспаленную жизнь прекратив:
Смотровое стекло миокарда,
Вразумленных очей позитив.

С непривычки приподняты плечи,
Бесполезной верчу головой,
Как железные бабочки речи
В непроглядной ночи горловой,

В стародедовском ритме запетом,
Как с люмьеровских лент поезда.
Только тело уже под запретом,
А душа не имеет гнезда.

\* \* \*

До хрипоты, по самый сумрак,
Пока словам работа есть,
Не просыхай, венозный сурик,
Работай, флюгерная жесть.

Трудись, душа в утробе красной,
Как упряжной чукотский пес,
Чтоб молот памяти напрасной
Полвека в щепки не разнес.

Хребет под розги без наркоза,
Как Русь на борозду Петра,
Пока любовь — еще не поза
Для искушенного пера.

Незарубцованною кожей
Верней запомнишь, не шутя,
Что человек — найденыш Божий,
А не любимое дитя.

Пока под кожей оловянной
Слова рождаются, шурша,
Работай, флюгер окаянный,
Скрипи, железная душа.

\* \* \*

Стеклянный воздух, месяц медный,
Осина горькая узлом, —
Мой край коричневый и бедный,
Парящей осени излом.
Мне нет забвения давно в ней,
Ни тихой радости сыновней —
Авессалом, Авессалом!

Пока домашние в изъяне
Искали веры наповал,
Я в тихом дворике с друзьями
Вино разлуки допивал.
Их разговор был скуп и горек
От наболевшего ума.
И сторожили тихий дворик
Замоскворецкие дома.
Они дышали нам в затылки,
И воздух в каменной бутылке
Дрожал, как злая сулема.

Деревья темные редели,
Мешался камень со стеклом.
Как одиноко мы сидели
За нашим нищенским столом.
Но лайнер в воздухе красивом
Гудел над каменным массивом:
Авессалом, Авессалом!

\* \* \*

Под заботливой кожей сгущалась продольная хорда,
В календарном цеху штамповали второе число.
«Эта жизнь — о любви», — объявили у темного входа,
И прозревшее тело в меня ежедневно росло.

Непочатая кровь бушевала в младенце капризном,
И когда акушер деловитое слово сказал,
Я приветствовал день неказистым своим организмом,
Как чугуевский житель приветствует Курский вокзал.

Из военных руин поднималась земля трудовая,
От Невы до Балкан часовой проходил по стене.
Что я смыслил тогда, первородство свое отдавая
За пророческий голос в навеки оглохшей стране?

Я ходил в города провозвестником рая лесного —
Как мутило меня в ритуале дворцовых манер,
Как я мстил за себя, как хлестал ненавистное слово —
Аж до крови живой, по утрам выгоняя в манеж.

Этот мир — колесо, только с ободом руки связали.
Эта жизнь — о любви, как в забитом колодце звезда.
Для кого я живу, для кого я кричу на вокзале,
Где на сотнях платформ, обезумев, ревут поезда?

\* \* \*

Понимаешь, дело не в режиме.
Родина — пустая болтовня.
Дело в том, что боги меж чужими
Вырасти сподобили меня.
Оттого я черен и завистлив,
Что меня за дружеским столом,
Как омелу меж дубовых листьев,
Обносили корнем и стволом.

С колыбели в скоморошьих списках,
Подгоняю рожи к парикам.
Боязно от ласковых и близких
Получать за дело по рукам.
Засыпаю, не сходя с помоста,
Где народ стекается с утра
Поглазеть на горестного монстра,
Пьяного гуляку гусляра.

Оттого тайком и неумело,
Напрягая горло и висок,
С детства как голодная омела
Я тяну тугой дубовый сок.
Но когда последним ревом трубным
Кликнет ангел зябнущую плоть,
Я приду со скоморошьим бубном:
Вот он я — суди меня, Господь!

\* \* \*

Я «фита» в латинском наборе,
Меч Аттилы сквозь ребра лет.
Я трава перекатиморе,
Выпейветер, запрягисвет.
Оберну суставы кожей,
Со зрачков нагар соскребу,
В средиземной ладони Божьей
Сверю с подлинником судьбу.
Память талая переполнит,
И пойдут берега вразнос.
Разве озеро долго помнит
Поцелуи рыб и стрекоз?
Я не Лот спиной к Содому,
Что затылочной костью слеп.
Я трава поверникдому,
Вспомнидруга, преломихлеб.
Но слеза размывает берег,
Я кружу над чужой кормой,
Алеутская птица Беринг,
Позабывшая путь домой.

\* \* \*

Нас поднял зов свирели медной,
Внезапной дудочки игра.
И прежней жизни колыбельной
Навеки прервана пора.
Простая дудочка сорочья
Горела в утренней золе,
Чтоб сердце совестное в клочья
Нам разрывало на заре.

Нам речь отцов предстала плоской,
Под пулей слова не скажи.
Мы в гулкой башне вавилонской
Сменить решили этажи.
Мы выходили детским строем
На безымянную черту,
Ведомы Божьим крысобоем
С сорочьей дудочкой во рту.

Клаксоном дудочка скрипела,
Роняя сумеречный свет.
И мы шагали постепенно
Подошвой в предыдущий след.
Мы затмевали боль и радость
Дорожной пылью голубой,
И вовсе думать не старались,
Посильной заняты ходьбой.

От рубежей отцовской ночи
Мы, как безмозглые телки,
В пути надсаживая ноги,
За медной дудочкой текли,
Еще младенцы каждым телом,
В какие брюки ни ряди,
За шереметьевским пределом,
Без нотной грамоты в груди.

\* \* \*

В земле чужой и непохожей,
Над прахом цезарей и дожей
Хвалиться дедовской казной,
Но тихо бедствуя под кожей
В упрек заботе показной.

Твоя расхожая монета
Идет в уплату без привета,
Менялам чудится подлог.
Домой вращается планета,
Выскальзывая из-под ног.

С подобной жаждой мудрено
Беречь в нетронутом флаконе
Надежды крепкое вино
На все, что прожито в картоне
И сбыться фресками должно.

\* \* \*

Когда мой краткий век накроют волны, пенясь,
Я вспомню летний сквер и молодость втроем,
Шмелиный звон зари, где так свободно пелось,
И горечь оттого, что больше не поем.

Составом горьких вод мы торопили горло
От южных площадей до вузовских кают,
Но в ходиках души цепочку перетерло,
И больше нечем петь. Сломалось, чем поют.

Когда в глухой фургон, уже понятный чем-то,
Снесет меня судьба на закорках с одра,
Я вспомню звездный бар на пьяцце Чинквеченто,
Где пела наша смерть, вокзальная сестра.

Прости меня, сестра, вагонная разлука,
За то, что мимо струн секла сухая плеть,
Что твой двузубый рот не пощадил ни звука —
Но только смерть моя такое смеет петь.

Ей выложил жетон какой-то житель строгий,
Безглазый прототип с ребенком и женой,
А я глотал вино, припоминая строки,
Допетые втроем, когда я был живой.

Я думал, что теперь, вернувшись Божьей глиной
От жизненных трудов на испоконный круг,
Нельзя мне будет лечь под той травой шмелиной,
Где пели мы втроем, не покладая рук.

* * *

Из пустыни за красной каемкой,
Из аорты, где кровь на замке,
Я притек в эту землю с котомкой,
Тридцать лет уместив в узелке.

От равнин Каракумов и Гоби,
Где вода, как свобода, ничья,
Я пригнал мои тощие годы
Напоить из живого ручья.

Хорошо в этом мире богатом,
Где за нас воцарили покой,
Отдохнуть безъязыким вагантам,
Кобзарям с перебитой рукой.

\* \* \*

Судьба мне сулила тресковый кисель,
Парок запотевших параш,
Пока надо мной вхолостую висел
Беды заскорузлый палаш.

Но петля на глотке дала слабину,
Осклабился спасский рубин,
И я сэкономил свою седину
Под крик самолетных турбин.

К самой Персефоне я вхож на пиры
Глотать виноградный удой.
Но с неводом гнева до звездной поры
Торчу над летейской водой.

\* \* \*

Глина многолетнего замеса,
Синевы неутолимый плач
На тропинках лиственного леса,
На кольце правительственных дач
Оттого ли кажется дороже
Лозняка мещерских берегов,
Что сюда по усовской дороге
Двадцатиминутный перегон?

В дальний год не выпросить билета,
Но попробуй, сердцу запрети
По следам оставленного лета
Двойником березовым пройти.
Звездами просвеченная редко,
Тень моя без гнева и стыда.
Доброй ночи, усовская ветка,
Спи спокойно — навсегда.

\* \* \*

Надо выскоблить пол добела,
Подоконник в накопленной саже,
Но такая за ним глубина,
Что приблизиться боязно даже.
До небес тишина велика
В городском тупике непогожем,
И темна, как абзац Пильняка
В переводе на датский, положим.

Очевидно, имелось в виду,
Что луна молода и прекрасна,
А земле не поставишь в вину
Протяженность пустого пространства.
И приходится жить наугад,
Как безмозглый Адам на лугах,
С пауком и травинкой в обнимку,
На пространство строча анонимку.

Надо жить, как портновская пляшет игла,
Надо выскоблить мебель и пол добела,
Чтобы не было небу лазейки
Вроде вентиля или розетки,
И болеть голова не могла.

\* \* \*

Ситуация А. Человек возвратился с попойки
В свой покинутый дом, на простор незастеленной койки,
Как шахтерская смена спускается в душный забой.
Он подобен корове в канун обязательной дойки,
Но доярка в запое, и что ему делать с собой?
Он прикроет окно, где свинцовые звезды навылет,
Сигарету зажжет, бельевую веревку намылит
И неловко повиснет, скрипя потолочной скобой.
Ситуация В. Соблюдая отцовский обычай,
Он пройдет до конца по тропе орденов и отличий,
Приумножит почет и пристойный достаток в семье.
Но проснется душа, словно осенью выводок птичий,
И останется плоть остывать на садовой скамье.
Он ложится навек под ковер замерзающих пашен,
Погребальный пиджак орденами богато украшен.
Что он выиграл, бедный, с нетронутой болью в лице?
Ситуация А. Ситуация В. Ситуация С...

* * *

Не судите меня, торопливые мальчики детства!
Наши судьбы несхожи, но у Господа в кепке равны.
По кольцу Магеллана бегу, не успев оглядеться,
Чтобы в собственный дом упереться с другой стороны.

Я сорвался в карьер, и трибуны в презрительном вое,
Но с привычного круга не принудишь сойти рысака.
Не судите меня, мы подсудны единственной воле,
Полномочные звезды за нами следят свысока.

Ах, ледовое поле, что ж ты треснуло всей серединой?
Неужели вовеки не свидимся в Божьем аду,
Диоскуры мои, соучастники жизни единой,
Или смерти на всех, от которой и я не уйду?

И кому воссоздать нашей дружбы расколотый слепок,
Как тевтонский витраж из кусков неживого стекла?
Не судите меня, напоите меня напоследок
Эликсиром забвенья, что не сходит у вас со стола.

Но пока не погасли расходящихся льдин очертанья
И обрывки речей различимы в ночной полутьме,
Поклянемся запомнить безжалостный год вычитанья,
Чтобы срок умноженья справедливо назначить в уме.

* * *

На четверых нетронутое мыло,
Семейный день в разорванном кругу.
Нас не было. А если что и было —
Четыре грустных тени на снегу.
Там нож упал — и в землю не вонзится.
Там зеркало, в котором отразиться
Всем напряженьем кожи не смогу.

Прильну зрачком к трубе тридцатикратной —
У зрения отторгнуты права.
Где близкие мои? Где дом, где брат мой
И город мой? Где ветер и трава?
Стропила дней подрублены отъездом.
Безумный плотник в воздухе отвесном
Огромные расправил рукава.

Кто в смертный путь мне выгладил сорочку
И проводил медлительным двором?
Нас не было. Мы жили в одиночку.
Не до любви нам было вчетвером.
Ах, зеркало под суриком свекольным,
Безумный плотник с ножиком стекольным,
С рулеткой, с ватерпасом, с топором.

\* \* \*

На земле пустая лебеда,
Горизонт раздвоенный приподнят.
Умираешь — тоже не беда,
Под землею известь и вода
Вещество до края переполнят.

Краток век собачий или птичий,
Повсеместно смерть вошла в обычай.
Тех, что в детстве пели надо мной,
На ветвях не видно ни одной.
Кошки нашей юности заветной
Выбыли из жизни незаметной,
Каждая в могилке ледяной.

Больше Горького и Короленки,
Отошедших в землю подо мной,
Для меня значенье канарейки,
Лошади порядок потайной.
Даже дети, целясь из рогатки,
Не дадут нам смысла и разгадки,
Потому что известь и вода
Не заменят птицы никогда.

\* \* \*

Речь перевернута. Щупаю дно головой.
С выслугой срока скитается неподалеку
Прежний язык. От печи отлучен горновой,
Кончено. Речь изменила свою подоплеку.

Прежняя речь, атлантический шов поперек.
Так паралитик пройти не силен за калитку.
Но и тогда, чтоб чужую Господь поберег,
Из подземелья души продолжает молитву.

В клепаной бочке меня атлантический ров
Вынес на запад любить материк незнакомый.
Не прозвучит над печалью московских дворов
Птичий язык, человечий язык насекомый.

В каменном горле багровые фразы дотла.
Треть перегона земля добрала к обороту.
Койку под лестницей мачеха речь отвела.
Прежняя мать по чужим продолжает работу.

\* \* \*

В трибунале топор не пылится,
Набавляют паек палачам.
Продолжается жизнь-небылица,
Лежаками скрипит по ночам.

Мы плодимся, как в пойме еноты,
Разбухают архивы в бюро,
Но в архивах иные длинноты
Анонимное правит перо.

Послушанье имея воловье,
Покидаем свое поголовье
И ползем под топор, как жуки,
Молодым уступить лежаки.

Хороша ты, уставная поза,
Тяжела голова на боку.
А в доносе особая польза:
Перед вышкой свернуть табаку.

\* \* \*

В короткую ночь перелетной порой
Я имя твое повторял, как пароль.
Под окнами липа шумела,
И месяц вонзался в нее топором,
Щербатым, как профиль Шопена.
Нам липа шептала, что ночь коротка —
Последняя спичка на дне коробка.

Я имя твое наготове берег,
Как гром тишина грозовая,
Летя по Каретной в табачный ларек,
Авансом такси вызывая.
Пустые звонки вырывались из рук,
Над почтой минуты мигали.
На город снижался невидимый звук,
Мазурку сшивая кругами.
Не я тебе липу сажал под окном,
Дорогу свою не стелил полотном.
Слеза моя, кровь и ключица.
Нам без толку выпало вместе в одном
Раздвоенном мире случиться.

Останется воздух, а дерево — прах.
Пространство спешит на свободу.
Нам выпало жить в сопряженных мирах,
Без разницы звезд над собою.
Я черный Манхэттен измерю пешком,
Где месяц висит над бетонным мешком,
Сигнальная капля живая,
Минуту с минутой, стежок за стежком
Мазурку из мрака сшивая.

\* \* \*

Отсюда в май прокладывают кабель,
Откачивают время из реки.
В такие дни красноречивей камень
И голоса древесные крепки.

Из блиндажей нам виден обнаженный
Продольный год с ходами напролом.
И наша жизнь, как камень обожженный,
Не ощущает боли под кайлом.

Грузовики торопятся к парому,
Последний месяц выдан палачам,
И времени порожнюю породу
Грузовики утюжат по ночам.

Придет бумага, упадет монета —
Пора неотвратима и близка,
Когда над нами рукоять магнето
Ревущий год поднимет из песка.

\* \* \*

Трехцветную память, как варежку, свяжем,
У проруби лет соберемся втроем.
Я вспомнил, что дома, в Елабуге, скажем,
Испытанный мне уготован прием.

Товарищ мой верил в стихи, как в примету,
В подкову, как всадник на полном скаку,
И ясно, что я непременно приеду,
Коль скоро не выбросил эту строку.

Мне выдан в дорогу пятак полустертый
В конце отпереть кольцевое метро,
И шесть падежей, из которых четвертый
На крестном листе распинает перо.

Товарищ мой выпьет с друзьями в зарплату,
Бездомным подпаском проспится в кустах,
Откуда весь день по дороге к закату
Трехцветные флаги бегут на шестах.

Мы странно дружили, мы виделись редко,
Пройдя Зодиак под конвоем Стрельца,
В ту пору, когда радиальная ветка
Меня навсегда уносила с кольца.

\* \* \*

Оскудевает времени руда.
Приходит смерть, не нанося вреда.
К машине сводят под руки подругу.
Покойник разодет, как атташе.
Знакомые съезжаются в округу
В надеждах выпить о его душе.

Покойник жил — и нет его уже,
Отгружен в музыкальном багаже.
И каждый пьет, имея убежденье,
Что за столом все возрасты равны,
Как будто смерть — такое учрежденье,
Где очередь — с обратной стороны.

Поет гармонь. На стол несут вино.
А между тем все умерли давно,
Сойдясь в застолье от семейных выгод
Под музыку знакомых развозить,
Поскольку жизнь всегда имеет выход,
И это смерть. А ей не возразить.

Возьми гармонь и пой издалека
О том, как жизнь тепла и велика,
О женщине, подаренной другому,
О пыльных мальвах по дороге к дому,
О том, как после стольких лет труда
Приходит смерть. И это не беда.

* * *

Я выспался, но света не зажег.
Еще земля не встала по курантам.
И маяка отравленный рожок
Прокуковал в тумане аккуратном.

Я бодрствовал, но встать еще не мог
В такую рань — часу должно быть в третьем,
Где времени отчетливый дымок
Дрожал над электрическим столетьем.

Я понимал, что ночь еще крепка,
Что время сна от Кубы до Китая,
Но мертвая кукушка маяка
Работала, часы мои считая.

Ни молнии, ни птицы, ни ручья —
Высокий мир был облачен и страшен.
Стояла ночь. Земля была ничья.
Последний крик летел с бетонных башен.

\* \* \*

зачем живешь когда не страшно
как будто вещь или плотва
и до утра в твоем стакане
вода печальная мертва
душа воды не выбирает
в просвете стиксовых осин
но до отметки выгорает
ее кровавый керосин

живущий в страхе неустанном
не может вспомнить об одном
а смерть железным кабестаном
всю жизнь скрипела под окном
и надо бережно бояться
как девочка или лоза
когда над озером двоятся
беды любимые глаза

твой прежний ум обезоружен
в сетях великого ловца
но дар судьбы как скромный ужин
еще не съеден до конца
и ты живешь в спокойном страхе
не умирая никогда
пока в осиновой рубахе
стоит высокая вода

\* \* \*

В тот год была неделя без среды
И уговор, что послезавтра съеду.
Из вторника вели твои следы
В никак не наступающую среду.
Я понимал, что это чепуха,
Похмельный крен в моем рассудке хмуром,
Но прилипающим к стеклу лемуром
Я говорил с тобой из четверга.
Висела в сердце взорванная мина.
Стояла ночь, как виноватый гость.
Тогда пришли. И малый атлас мира
Повесили на календарный гвоздь.

Я жил, еще дыша и наблюдая,
Мне зеркало шептало: «Не грусти!»
Но жизнь была как рыба молодая,
Обглоданная ночью до кости, —
В квартире, звездным оловом пропахшей,
Она дрожала хордовой струной.
И я листок твоей среды пропавшей
Подклеил в атлас мира отрывной.
Среда была на полдороге к Минску,
Где тень моя протягивала миску
Из четверга, сквозь полог слюдяной.

В тот год часы прозрачные редели
На западе, где небо зеленей, —
Но это ложь. Среда в твоей неделе
Была всегда. И пятница за ней,
Когда сгорели календарь и карта.
И в пустоте квартиры неземной
Я в руки брал то Гуссерля, то Канта,
И пел с листа. И ты была со мной.

\* \* \*

Я помню летний лес, заката медный створ,
Воздушный спуск звезды к покосам и озерам.
Я жил спиной к Москве — она, как задний двор,
Ложилась на стекло разорванным узором.
Я жил нигде — меня пускали ночевать.
И бесполезный лес мне был тогда известней
Дороги кольцевой с ее огромной песней,
Какую все равно откуда начинать.

В начале сентября, в одно из воскресений,
Когда бледнеет мир, куда ни погляди,
Прошли пустым двором в широкий день осенний
Две бабы и мужик с гармонью на груди.
Снижалась на ночлег озябшая Москва,
А эти трое шли внимательно и ровно.
И тихие слова, тяжелые, как бревна,
В воздушной пустоте ложились на места.

Сквозили в голосах терпение и скука,
Лежала синева в чертах спокойных лиц.
Так мертвые сердца лежат в груди без стука
В таежных тупиках и в грохоте столиц.
Из растворенных губ сочился ртутный свет.
Невидимый азот твердел под этим пеньем.
А я смотрел вокруг со скукой и терпеньем
На неизвестный мир, который ими спет.

\* \* \*

третий день сидим и едем
звезды зыбкие в строю
мне приснилось что с медведем
в переписке состою

широко свистят колеса
мысли плавают в жиру
ты москва моя каносса
я в америке живу

я червем ушел из банки
не страшит меня уда
и живу теперь с изнанки
многим хочется туда

погоняй железный лапоть
песни долгая тесьма
привыкай дышать и плавать
в тонком воздухе письма

точным глазом отмечаю
жизни ровные края
и медведю отвечаю
не скучай душа моя

\* \* \*

спасибо сказавшему слово
в сенате обеих столиц
где памятник цезарю слоно-
подобный как время стоит

валдайско-балтийская площадь
в себя винтовое окно
и как августейшая лошадь
из двух ипостасей одно

в какой свою музу не тискай
из коек у бронзовых морд
для всей византийско-латинской
словесности светит аборт

осанна поющим без титра
садко пузырями со дна
когда от босфора до тибра
молочная речь голодна

\* \* \*

Нелегкое дело писательский труд —
Живешь, уподобленный волку.
С начала сезона, как Кассий и Брут,
На Цезаря дрочишь двустволку.
Полжизни копить оглушительный газ,
Кишку надрывая полетом,
Чтоб Цезарю метче впаять промеж глаз,
Когда он парит над болотом.
А что тебе Цезарь — великое ль зло,
Что в плане латыни ему повезло?

Таланту вредит многодневный простой,
Ржавеет умолкшая лира.
Любимец манежа писатель Толстой
Булыжники мечет в Шекспира.
Зато и затмился и пить перестал —
Спокойнее было Толстому
В немеркнущей славе делить пьедестал
С мадам Харриет Бичер-Стоу.
А много ли было в Шекспире вреда?
Занятные ж пьесы писал иногда.

Пускай в хрестоматиях Цезарь давно,
Читал его каждый заочник.
Но Брут утверждает, что Цезарь — говно,
А Брут — компетентный источник.
В карельском скиту на казенных дровах
Ночует Шекспир с пораженьем в правах.

\* \* \*

Меня любила врач-нарколог,
Звала к отбою в кабинет.
И фельдшер, синий от наколок,
Во всем держал со мной совет.
Я был работником таланта
С простой гитарой на ремне.
Моя девятая палата
Души не чаяла во мне.

Хоть был я вовсе не политик,
Меня считали головой
И прогрессивный паралитик,
И параноик бытовой.
И самый дохлый кататоник
Вставал по слову моему,
Когда, присев на подоконник,
Я заводил про Колыму.

Мне странный свет оттуда льется:
Февральский снег на языке,
Провал московского колодца,
Халат и двери на замке.
Студенты, дворники, крестьяне,
Ребята нашего двора
Приказывали: «Пой, Бояне!» —
И я старался на ура.

Мне сестры спирта наливали
И целовали без стыда.
Моих соседей обмывали
И увозили навсегда.
А звезды осени неблизкой
Летели с облачных подвод
Над той больницею люблинской,
Где я лечился целый год.

\* \* \*

За рубежом, в одном подвале,
Ютясь под тесною доской,
Я вспоминал, как мы бывали
В тюменской бане городской.
Там рот напрасный улыбая
В зубах как белые слоны
Блестит Джоконда голубая
С мольберта вымытой спины.
Там человек, сибирский житель,
Плюя на службу и партком,
Снимает валенки и китель
И жопу моет кипятком.
Женатые и холостые
Стремятся выскоблить дыру
Туда, где женщины простые
В кромешном мечутся пару.
В парной кричат: «Наддайте газу!»
Умрешь — и все припомнишь сразу.
Но я воскреснуть не спешу
И в доску плоскую дышу.
Стоит зима в природе шаткой —
Душе невидимый урон, —
А я гляжу, прикрывшись шайкой,
На хляби озера Гурон.

\* \* \*

Когда состарятся слова
От долгого труда,
Мы канарейки от слона
Не отличим тогда.
Не будет смысла в слове «пруд»,
«Контора» и «спина»,
Когда от старости умрут
Предметов имена.

Зачем пришли мы в этот мир
Недолгий, как трава,
Где, отработав сотню миль,
Кончаются слова?
Мы произносим их в суде,
Довольные весьма,
И подвергаем их судьбе
Минойского письма.

Когда мы произносим звук,
Когда рисуем знак,
Летит зерно из наших рук,
И вырастает злак.
Его мы в голоде слепом
От всех невзгод храним.
Но осень медленным серпом
Уже ведет над ним.

* * *

Я мечтал подружиться с совой, но увы,
Никогда я на воле не видел совы,
Не сходя с городской карусели.
И хоть память моя оплыла, как свеча,
Я запомнил, что ходики в виде сыча
Над столом моим в детстве висели.

Я пытался мышам навязаться в друзья,
Я к ним в гости, как равный, ходил без ружья,
Но хозяева были в отъезде,
И когда я в ангине лежал, не дыша,
Мне совали в постель надувного мыша
Со свистком в неожиданном месте.

Я ходил в зоопарк посмотреть на зверей,
Застывал истуканом у дачных дверей,
Где сороки в потемках трещали,
Но из летнего леса мне хмурилась вновь
Деревянная жизнь, порошковая кровь,
Бесполезная дружба с вещами.

Отвинчу я усталую голову прочь,
Побросаю колесики в дачную ночь
И свистульку из задницы выну,
Чтоб шептали мне мыши живые слова,
Чтоб военную песню мне пела сова,
Как большому, но глупому сыну.

\* \* \*

Сколько лет я дышал взаймы,
На тургайской равнине мерз,
Где столетняя моль зимы
С человека снимает ворс,
Где буксует луна по насту,
А вода разучилась течь,
И в гортань, словно в тюбик пасту,
Загоняют обратно речь?
Заплатил я за все сторицей:
И землей моей, и столицей,
И погостом, где насмерть лечь.
Нынче тщательней время трачу,
Как мужик пожилую клячу.
Одного не возьму я в толк:
У кого занимал я в долг
Этот хлеб с опресневшей солью,
Женщин, траченных снежной молью,
Тишину моего труда,
Этой водки скупые граммы
И погост, на котором ямы
Мне не выроют никогда?

\* \* \*

румяным ребенком уснешь в сентябре
над рябью речного простора
луна в канительном висит серебре
над случаем детства простого
сквозная осина в зените светла
там птица ночует немая
и мать как молитва стоит у стола
нечаянный сон понимая
и нет тишины навсегда убежать
кончается детство пора уезжать

едва отойдешь в меловые луга
в угоду проснувшейся крови
серебряной тенью настигнет луна
вернуть под плакучие кроны
упрячешь в ладони лицо навсегда
в испуганной коже гусиной
но нежная смерть словно мать навсегда
в глаза поглядит под осиной
венец семизвездный над ночью лица
и детство как лето не знает конца

\* \* \*

я порядка вещей не меняю
осторожно и строго живу
нынче руку в запас увольняю
завтра ногу ссылаю в туву
учреждаю в австралии лето
погружаю европу в снега
только слышно по глобусу где-то
одинокая бродит нога

я природы проверенный флагман
облекающий в факты слова
о единственно верном и главном
рассуждает моя голова
этот труд ей высокий неловок
с перегреву легко полысеть
но зато из возможных веревок
ей на лучшей дадут повисеть

\* \* \*

отверни гидрант и вода тверда
ни умыть лица ни набрать ведра
и насос перегрыз ремни
затупился лом не берет кирка
потому что как смерть вода крепка
хоть совсем ее отмени

все события в ней отразились врозь
хоть рояль на соседа с балкона сбрось
он как новенький невредим
и язык во рту нестерпимо бел
видно пили мы разведенный мел
а теперь его так едим

бесполезный звук из воды возник
не проходит воздух в глухой тростник
захлебнулась твоя свирель
прозвенит гранит по краям ведра
но в замерзшем времени нет вреда
для растений звезд и зверей

потому что слеп известковый мозг
потому что мир это горный воск
застывающий без труда
и в колодезном круге верней чем ты
навсегда отразила его черты
эта каменная вода

* * *

от самого райского штата
в любом околотке жилом
душа как кандальная шахта
в сибири выходит жерлом
однажды дотошный геолог
пожравши пихтовых иголок
ее на планшете простом
отметит корявым перстом

пойдут озорные заряды
кромсать мезозойскую плоть
и поздно от этой заразы
прививки в предплечье колоть
напрасно венерик божится
что больше с блядьми не ложится
бациллы спустились в забой
и нос не подходит резьбой

мне снится сеченье колодца
тротила с полсотни кило
я насмерть готов уколоться
об это тупое кайло
летет перелетные стаи
пейзаж стрекозиный сетчат
и прошлые звезды как сваи
с изнанки в сетчатку стучат

\* \* \*

когда споет на берегу
сигнальная труба
посеют в поле белену
ударники труда
трубач сыграет молодой
лиловые уста
и время выпрямит ладонь
фалангами хрустя

мы были втянуты вчера
в опасную игру
звенит на пасеке пчела
медведь рычит в бору
звезды оптический намек
молочная кутья
на трубаче пиджак намок
от медного дутья

трубач рождается и ест
и времени полно
но генералом этих мест
останется оно
никто в природе не умрет
в отмеренные дни
пока часы идут вперед
пока стоят они

\* \* \*

вид медузы неприличен
не похвалим и змею
человек любить приучен
только женщину свою
обезумев от соблазна
с обоюдного согласья
он усердствует на ней
меж кладбищенских камней

а змея над ним смеется
рассуждает о своем
то восьмеркою совьется
то засвищет соловьем
у нее крыло стальное
в перьях тело надувное
кудри дивные со лба
невеселая судьба

* * *

в этот год передышки от кутежей и охот
говорил мне врач затевая дневной обход
не кори меня фрейдом все ж таки там европа
там и виски с содой и лед даровой а здесь
со времен батыя хоть пей хоть в петлю лезь
перебор воды недолив сиропа

(в этот медленный год дожидаясь конца зимы
я друзьям по палате таблетки ссужал взаймы
скрежетали дни словно в клюзе цепные звенья
по утрам старожил на уборку шагал с ведром
променяв свободу на корсаковский синдром
и на бред подозренья

календарь уверял что покуда мы здесь лежим
в двух столицах земли успешно сменен режим
два народных вождя безутешно почили в бозе
но со всей москвы словно редкую дичь в музей
два кряжистых атлета везли нам новых друзей
на лихом чумовозе)

я ответил ему мне до лампочки фрейд и фромм
раз уж перхоть пошла то спокойнее топором
я знаток златоуста и с ангелами на ты я
но скажи блюститель с клистирным жезлом в говне
отчего эта перхоть лежит испокон на мне
с бессловесных лет со времен батыя

\* \* \*

воспоминаньем о погромах
под исполкомовский указ
в больших петуниях багровых
бывали праздники у нас

мы выходили по тревоге
изображая без вины
кристалл германия в триоде
где дырки быстрые видны

с утра садилась батарейка
сползал родительский пиджак
и мертвый завуч крамаренко
в зубах петунию держал

в оркестре мельница стучала
земля ходила ходуном
другая музыка скучала
в порожнем сердце надувном

мы перли в адские ворота
под оглушительный металл
и мертвый завуч как ворона
в зените с песнями летал

\* \* \*

в этом риме я не был катоном
и по-прежнему память мила
о заброшенном сквере в котором
приучали к портвейну меня

но когда по стеклу ледяному
проложили маршрут на урал
мне на флейте одну идиому
милицейский сержант наиграл

я пытался на скрипке в октаву
только септимой скреб по струне
как со шведским оркестром в полтаву
гастролировал я по стране

из одной всесоюзной конторы
намекнули в избытке души
не годишься ты парень в катоны
но и в цезари ты не спеши

я простился с невестою олей
корешей от себя оторвал
потому что в период гастролей
не умел удержать интервал

потому что за дальним кордоном
где днепровская плещет вода
преуспел я в искусстве в котором
я катоном не слыл никогда

\* \* \*

(не притязая на глубину ума
в скобках отмечу в последнее время не с кем
словом обмолвиться ни обменяться веским
взглядом ввиду отсутствия слова в карма-
не обольщен кругосветным застольем одесским
а в остальные покуда не вхож дома

бывший герой перестрелки бульварных мо
нынче за словом в проруби шарю донкой
наедине с собой словно кот в трюмо
перестаю разбираться в оптике тонкой
понаторевший во всем помыкать в семье
с детства уже ничем не взорву этот плоский
стиль и пишу с анжамбман как иосиф бродский
чтоб от его лица возразить себе

даже дефектом оптики не страдая
свет отраженья не удержать в горстях
это понятно по вечерам когда я
сам у себя безуспешно сижу в гостях
впору в трюмо огласить манифест и будто
дело к реформе но как обойтись без бунта
где-то под тверью в неведомых волостях)

\* \* \*

когда позволяет погода
над желтой равниной погона
насквозь прожигая зенит
железное око звенит
подернута дымом терраса
как будто за дачной стеной
змеистый ублюдок триаса
желудок продул жестяной
от камня хивы и коканда
до самой карибской воды
грозы золотая кокарда
на все полыхает лады

когда настигает погоня
в лесах нелюдимой мордвы
над звездной долиной погона
глаза золотые мертвы
зачем же над каждой бумажкой
напрасной страдать головой
предмет эволюции тяжкой
в огромной броне роговой
над садом внимательной гнозы
гремят генеральские грозы
построены рыбы в струю
стрижи в караульном строю

\* \* \*

беззвучный рот плерома разевает
по именам предметы вызывает
пора природу мыть и убирать
давайте понемногу умирать

а мы ночлегом заняты под утро
не чуя в пищеводах пирамид
как медленная медная полундра
по кегельбану млечному гремит

мерцает воздух в шепоте крысином
в проем ворот нацелено бревно
не камни мы но с нашим керосином
и худшее проспать немудрено

в ночной казарме душно и матрасно
стучит будильник глуше и скорей
железный век устроенный напрасно
срывается с шумерских якорей

ах белочка росинка одуванчик
картонный лес зажмурься и обрежь
все собрано в особый чемоданчик
и нет слюны заклеить эту брешь

\* \* \*

писатель где-нибудь в литве
напишет книгу или две
акын какой-нибудь аджарский
уйдет в медалях на покой
торчать как минин и пожарский
с удобно поднятой рукой
не зря гремит литература
и я созвездием взойду
когда спадет температура
в зеленом бронзовом заду
мелькнет фамилия в приказе
и поведут на якоря
победно яйцами горя
на мельхиоровом пегасе

дерзай непризнанный зоил
хрипи животною крыловской
недолго колокол звонил
чтоб встать на площади кремлевской
еще на звоннице мирской
возьмешь провидческую ноту
еще барбос поднимет ногу
у постамента на тверской

\* \* \*

в итоге игоревой сечи
в моторе полетели свечи
кончак вылазит из авто
и видит сцену из ватто
плашмя лежат славянороссы
мужиковеды всей тайги
их морды пристальные босы
шеломы словно утюги
повсюду конская окрошка
евреев мелкая мордва
и ярославна из окошка
чуть не заплакала едва

кончак выходит из кареты
с сенатской свитой и семьей
там половецкие кадеты
уже построены свиньей
там богатырь несется в ступе
там кот невидимый один
и древний химик бородин
всех разместил в просторном супе

евреи редкие славяне
я вам племянник всей душой
зачем вы постланы слоями
на этой площади большой
зачем княгиня в кухне плачет
шарманщик музыки не прячет
плеща неловким рукавом
в прощальном супе роковом

\* \* \*
что за несвойственные в голову
приходят мысли в ванной голому
когда стоишь двумя ногами
и понимаешь не трудясь
что меж античными богами
таких не видел отродясь
а между тем повыше ярдом
к аплодисментам голодна
известным лириком и бардом
прослыть мечтает голова

живите в дружбе члены тела
как бы золовки и зятья
чтоб вас космическая тема
не занимала в час мытья
не дело преть в презренье кислом
ходите в душ по четным числам
где бойлер голубем галдит
и голова с глубоким смыслом
на ноги голые глядит

\* \* \*

в тесноте нефтеносной системы
не имея товарной цены
деликатные птицы свистели
аккуратные травы цвели
в середине иного куплета
бронебойные шершни вокруг
простирали к начальнику лета
шестерни одинаковых рук
лопасть света росла как саркома
подминая ночную муру
и сказал я заворгу райкома
что теперь никогда не умру

в пятилетку спешила держава
на добычу дневного пайка
а заворг неподвижно лежала
возражать не желая пока
ей понятно устройство системы
реактивное небо над ней
а кругом духовые секстеты
подгоняли движение дней
но земля ликовала уликой
в межпланетном просвете окна
и одной осторожной улыбкой
никогда повторила она

* * *

пока страна под мерином худым
разводит ноги до кровавых пятен
мы до инцеста любим отчий дым
и труп отца нам сладок и приятен

сограждане содомляне орлы
закладывайте мерина в поездку
не то как раз президиум орды
поставит в кулинарную повестку

пленарный завтрак всех колен и рас
содружество портвейна и солянки
трубит оркестр прощание славянки
с евреями по счастью в этот раз

державный смотр охочим иокастам
играй в штанах могучий кладенец
пока славянка стонет под оркестром
и красного в стакане по венец

\* \* \*

уже и год и город под вопросом
в трех зонах от очаковских громад
где с участковым ухогорлоносом
шумел непродолжительный роман
осенний строй настурций неумелых
районный бор в равнинных филомелах
отечества технический простой
народный пруд в розетках стрелолиста
покорный стон врача специалиста
по ходу операции простой

америка страна реминисценций
воспоминаний спутанный пегас
еще червонца профиль министерский
в распластанной ладони не погас
забвения взбесившийся везувий
где зависаешь звонок и безумен
как на ветру февральская сопля
ах молодость щемящий вкус кварели
и буквы что над городом горели
грозя войне и миру мир суля

торговый ряд с фарцовыми дарами
ночей пятидесятая звезда
на чью беду от кунцева до нары
еще бегут электропоезда
минует жизни талая водичка
под расписаньем девушка медичка
внимательное зеркало на лбу
там детский мир прощается не глядя
и за гармонью подгулявший дядя
все лезет вверх по голому столбу

вперед гармонь дави на все бемоли
на празднике татарской кабалы
отбывших срок вывозят из неволи
на память оставляя кандалы
вперед колумбово слепое судно
в туман что обнимает обоюдно
похмелье понедельников и сред
очаковские черные субботы
стакан в парадной статую свободы
и женщину мой участковый свет

\* \* \*

какие случаи напрасные везде
недоумения пехотные окопы
и нет у лошади советчика в езде
ни у неясыти наставника охоты

бывало паузу в песчанике проешь
себя же в задницу коленями толкая
но остановишься и некуда промеж
раз по бокам фортификация такая

врубают стерео в моторе ток силен
мослы текинские в старорежимном ворсе
окликнешь кореша из сумерек семен
и ждешь уверенный а он григорий вовсе

совиный выводок молочный коридор
стожары высветили лопасти ушные
что за умора что за камень-конемор
не описать какие случаи смешные

все передвинуто не помнит прошлых мест
под током трещина считает обороты
а тело теплится кромешный камень ест
и жить дрожит и держит ножик обороны

\* \* \*

пока переживать созданию не больно
наследным недорослем после дележа
безмолвствует оно и думает невольно
взволнованную речь на привязи держа
в свистящем воздухе пасется мышь слепая
подводный крокодил мелькает на волне
но в центре трех стихий по камешкам ступая
уже не вовсе зверь еще не бог вполне
кругом восторженные ангелы и гады
мигают нимбами и пресмыкнуться рады

помедлит возгордясь на разводном мосту
тюльпан затеплится в петлице вицмундира
где время празднует на пристани мортира
с цветком на лацкане с безмолвием в мозгу
любезный воздух мой и ты моя вода
и гад заоблачных ненужное летанье
невидимых камней подземная война
все передано мне в удел и пропитанье
который на мосту от радости стою
то речь проговорю то музыку спою

так думает оно пересыхая в шепот
а ночь его сестра как неизвестный негр
с подследственных небес свергает звезды в штопор
и магменный язык зовет из древних недр
но существо не замечает эту гостью
и переходит мост постукивая тростью

\* \* \*

над нами глумились тираны
мозги с колыбели ебли
а матери наши стирали
и в школу совали рубли

мы были недобрые дети
в подпольном больном мятеже
но глупые матери эти
понять не умели уже

на свадьбах партийных гостили
трезвели в приокском хвоще
при этом усердно костили
каких-то тиранов вообще

мы верим в страдания наши
как в зайца лихие ловцы
не нам ли березовой каши
в штаны подсыпали отцы

давайте рассудим научно
спокойно в траве полежим
нам умные боги нарочно
устроили этот режим

убогие братья тираны
нелепая в липах родня
пудовые наши тетради
с глаголами судного дня

я с детства такие мараю
я рощи свожу на корню
и этой банальной моралью
к соитию музу клоню

\* \* \*

ничего не жалею теперь я
ежедневным вертясь воробьем
за старинную доблесть терпенья
и воды вертикальный объем

этой греческой птицы манеры
смотровые деленья котла
темперамент гренландской морены
разутюжившей душу дотла

в отпуску мои детские боги
все былое в себя влюблено
педагоги мои педоноги
брахорукие псы облоно

золотой олимпийской оливой
инуитским китом на кости
не упрямствуй воде торопливой
воробьем воробьем посвисти

в кристаллическом звоне зимовья
где и мозг незаметный затмен
ни ума ни огня ни зубов я
ничего не желаю взамен

\* \* \*

я убит стремительным гранатом
древних дней голуба и орел
на меня патологоанатом
херочинный ножик изобрел
почестей покойному не надо
он усоп как на зиму барсук
разве вот варшавский пакт и нато
саданут над гробом из базук

срочной гибели макет олений
зрак невозродимого быка
из одних обыденных явлений
молодость устроена была
за коцитом светляки и сваи
комаров коммерческие стаи
дворников дамасские мечи
святки в инсулиновой палате
корешки квитанций об уплате
ниагары пролитой мочи

жаль я музыку играть не гершвин
бритым бархатом ушей не грешен
вепрь недреманный хоть тот же лось
жалко умер вот не то б жилось

\* \* \*

за ваши прелести толпа
не предлагаю и клопа
мне гадки эти идеалы
как запах из-под одеялы
куда нежней сидеть в окне
погоде радоваться разной
корячиться петрушкой праздной
на кукловодном волокне
и публике срамное место
казать навроде манифеста

на падуге парит паук
в партер поглядывает веско
он председатель всех наук
сугубый кавалер юнеско
ужо паук поди домой
ты родственник членисторукий мой
а тот в партере супоглазый
широкожопый как сибирь
позвольте оделить угрозой
обиду нанести свербит

\* \* \*

в ту пору река мне была велика
устав с монастырским обетом
и сосны над плесом неслись вертика-
льно все они были об этом
в те годы вода мне была не нужна
и женская кожа в просветах нежна

пока расточался любви произвол
планеты паслись хорошея
в людское сословье меня произвел
причудливый жест акушера
в эдемских лесах где нестрелянный лось
и папоротники под гребенку
наследное тело мое родилось
еще не по мерке ребенку
мне егерь отмерил широкий надел
железный жетон на запястье надел

но в пойменный год на излете реки
евфратские лоси в дубравах редки
но молния бьет по живому
заметив его по жетону

\* \* \*

под родительский кров возвращаются сны прямиком
словно стая коров перешедшая вброд рубикон

перелетные сны переметные дни без числа
в календарных как совесть набросках бумага честна

эта крестная высь эта мазь эта легкая ось
вологодская рысь костромская сова переделкинский лось

под родительским кровом коров моровые гробы
наблюденье земли челобитье у каждой травы

черногубая речь червоточина пули в башке
ледовитая лета и все мое детство вообще

\* \* \*

под светооборонными очками
глаза повернуты в меня зрачками
серьезный мозг хлопочет как пчела
под стрельчатыми сводами чела
поет впотьмах шершавый шкив привода
гриппозный плюш испариной покрыт
и вся необъяснимая природа
с колосников на падугах парит

меж тем по эту сторону стекла
несут ко рту безропотную руку
по образцу швейцарского стрелка
вслепую наводящего по фрукту
ушной радар вращается на зов
двойные ноги сдвинуты невинно
внутри однако действия не видно
секундомер не сорван с тормозов

а ночь кругом стремительно свежа
как перехваченный полет стрижа

\* \* \*

присуждают иксу кандидатскую степень
запускают в науку неловкой совой
в триумфальном желудке немотствует цепень
ежечасные свадьбы справляя с собой
не расслышать банкетных гостей голоса
паразиту в желудке икса

одолев снеговые ленгоры
не чета заводской вшивоте
кандидату дорога в членкоры
с неизвестным зверьком в животе
он пожизненный химик союза
победитель идейных химер
и такому иксу не обуза
тихой фауны частный пример
можно в водку ему доливать сулему
но легко околеть самому

даже лучшие силы науки
в похоронные свозят места
чтобы род продлевали навеки
безымянные дети глиста
все одно не про них новодевичий рай
хоть и тоже они умирай

\* \* \*
предмет наблюденья природа
в любое взгляни озерцо
в извилистой шкурке микроба
особая жизнь налицо
в ином носороге отдельном
всемирная совесть тяжка
как самоубийца в отельном
окне накануне прыжка

я сам на людей удивляюсь
какие у жизни сыны
когда в туалет удаляюсь
неловко присесть у стены
зачем нас рожает утроба
отцовская учит лоза
когда у простого микроба
научных идей за глаза

\* \* \*

на пыльных равнинах невады
в урочище адских огней
мы гибели были не рады
и втайне жалели о ней

в тифозном провале небраски
сквозь оспенно-млечный ручей
кончины чрезмерные краски
горчат в катаракте очей

мы тщетное небо просили
ознобом костей не ленить
но не было в сердце россии
которую проще винить

прощайте голубки гулага
гортанный авгур монпелье
богемных мгновений бумага
почетные речи в петле

ландшафт ослепительно солон
у врат радаманта сиречь
где негде провидческим совам
мышей вдохновенья стеречь

невадские в перьях красотки
жуки под тарусской корой
и нет объясненья в рассудке
ни первой судьбе ни второй

\* \* \*

судьба была сметана
картофельный обрыв
над ней лицо светало
все челюсти открыв
в желудке пело эхо
не тяготясь бедой
что иго это эго
со всей его едой
что прах его иконы
и голос не силен
пока в юдоль икоты
рассудок поселен

на этот сон великий
дурманные луга
будильник всех религий
нацелен из угла
чтоб спящий губы вытер
ногой поправил стул
сложил штаны и свитер
и свет со свечки сдул

* * *

когда любовь слетается в орду
сплетая небо из ольховых веток
свет голоса слипается во рту
зазубренном и бой в запястьях редок

взойдут глаза и горлом хлынет ночь
очерчивая отчие кочевья
и ворона над хлябью вскинет ной
с тяжелого линейного ковчега

еще вода над адом высока
тресковый ключ китовый зуб и ворвань
но раковин и мокрого песка
на палубу срыгнет серьезный ворон

в подводном поле пепел и покой
там не горела вера и за это
татарским юртам не было завета
и радуги над ними никакой

\* \* \*

на шоссе убит опоссум
не вернется он с войны
человек лежит обоссан
в сентрал-парке у воды
второпях портвейну выпил
не подарок он семье
и моча его как вымпел
тонко вьется по земле
спят проспекты и соборы
воры движутся с работы
с толстой книгой и огнем
ходит статуя свободы
грустно думает о нем

сны плывут в своей заботе
как фонарные шары
в сентрал-парке на заборе
сохнут ветхие штаны
вянут юноши в пороке
делят девушки барыш
спит опоссум на дороге
засыпай и ты малыш

\* \* \*

мой сосед семен никитин
царь пирита и слюды
из америки не виден
словно молния с луны

про алтай и водный слалом
не расскажет мне теперь
потому что в сердце слабом
места не было терпеть

помню жили через номер
рассуждали про режим
я живой никитин помер
от судьи не убежим

там на кладбище райцентра
золотые вензеля
наша братская плацента
мать твою сыра земля

там средь маковых головок
гнет режима не силен
отдохни теперь геолог
скоро свидимся семен

\* \* \*

когда летишь через атлантику
сродни тунгусской головне
слезоточивому талантику
темно и тошно в голове
кругом беззвездный воздух громок
несут напитки и еду
и скальп тесней чем детский гробик
на осажденном невском льду

так на границе сна и яви
смыкая можно и нельзя
тень спрашивает это я ли
в летейском ялике скользя
сошлись голконда и голгофа
в земле загробного житья
и первое лицо глагола
употребить не может я

звенит железная цикада
прошив пространство галуном
как бы из тютчева цитата
грохочет в небе голубом
теперь одно у тени средство
развеять сумерки челу
вернуть земле ее наследство
и не учиться ничему

\* \* \*

апостолам истории
на медные гроши
бесспорно и крестовые
походы хороши
когда нарыв прорвался
по древнеримским швам
от гнойных вен прованса
по иорданский шрам

пускай твердят европа ведь
ей свет пролить дано
цветкова эта проповедь
не трогает давно
иной народ поплоше
стократ родней ему
за что и был попрошен
с истфака мгу

волнуйся и карабкайся
на тибрские врата
орда моя арабская
китайская братва
гряди иранец дерзкий
по звездам время сверь
к манежу где имперский
хрипит ощерясь зверь

\* \* \*

госсекретарь в миру сенатор маски
моей экс-родине не строит глазки
я сам хоть мне и маски не указ
любовью к ней немного поугас
а помнишь днепрогэс реки великой
угодья анилиновой ботвы
воскресники в сраженьях с повиликой
и девочек учебные банты
субсветового миг-а харакири
фаллические тополя в дыму
где лабухи шопена хоронили
жмуров дворовых жертвуя ему

отпало жизни первое звено
лишь в фэбээр в досье занесено

за все тебе курносая отвечу
пой жизнь мою соловушка с листа
но выраженье походя отмечу
необщее на карточке лица
госсекретарь командует погодой
берет генсек натуру в шенкеля
мать музыка пиздует за подводой
в трубе как тромб шопена шевеля

\* \* \*

декабрьское хмурится в тучах число
дворы воровато безглазы
дорогу домой до бровей занесло
закладывать тройку без мазы
откупорим сдуру бутылку вина
в печи пошуруем железкой
но с подлинным ночь с оборота верна
хоть зеркало к фене растрескай

такие на ум парадоксы придут
с мадеры в декабрьском бреду нам
что будто и дом наш и этот приют
тургеневым кем-то придуман
что даже в устройстве природы самой
знакомое видим перо мы
и нет под снегами дороги домой
в твердыню полярной плеромы

**жалобы часовщика**

i

ветлы волглые в усмерках сизы
комарей шилоротый отряд
в лебеде ништяки звездогрызы
силикатную озубь острят
кычет в сучьях пернатая дура
роет воду ершей агентура
шумен жукр норовящий в ночи
на предмет пропитанья и крова
все валдайское наше до рева
хочь в америку струги точи

в самой таволге дремной хитро бы
буровая известна дыра
тружаки подземель углеробы
темень тьмущую жмут на-гора
отдоившись как есть на пригорок
в казакине взлетишь неглиже
мировой несгораемый морок
под стожары сягает уже
утро по ветру рылом к кордону
враз порты подобрав для пардону
конь ли блед с седоком на борту
тихо тикает время во рту

ii

врозь прозябанье у трав и дерев
некому жизнь прошептать умерев
бездна березы бахчи иван-чая
с ботанизиркой на зорьке в поля
кануть растением не отвечая
деревом впредь никому не боля

прежде в предсердии скудной страны
суп мастерили из стеблей травы
дрогнешь гектар за сохой отхромавши
в ложке глаза плотвяные глупы
браво солдатская дружба на марше
песню светила до самой луны

бритвенник времени крепкий гробовник
леший силен с кистенем уголовник
серпень так слепень лосиный закон
вымрешь из области ждать произвола
марш нам из вагнера грянь радиола
сидни да блудни в овсах испокон

было из наших в поту ежевик
редкий начпред выходил стержневик
зря что за фауной меньше ухода
прорва в траве пескаря и удода
по ветру трактом хоть свет обогни
дымной рябины горят головни

iii
быть горю вред как голому луна
так чтожеству в женитвах отучиться
что аж бы жизнь не стоила ума
почувствовать и тотчас очутиться
не веществея
быть полувообще
тень актеона в существе оленьем
или ядро актиния расще-
непоправимым
пленное явленьем

быватели поступков и пространств
мгновенные сотвердия желаний
чтобы устроить тщетному контраст
как неудобству жабы бок жирафий

кто утлый зад вздымает из седла
чья с костных башен мысль гудит мордато
легко белея в будущем когда-то
до новых встреч родные навсегда

iv
в бегах от ябед и сутяг
в палм-бич на старческом покое
болит на чем кому сидят
лицо такое
или по скудости в ки-уэст
где ньюджерсийских житель мест

снимает росчерком батиста
слезинку с дамского бедра
одно романтику беда
пизда костиста

так русский удручен изгой
ушелец флагов и оружий
когда над рачьей мелюзгой
себе он ротмистр и хорунжий
под репу тренирует грунт
и резко делает во фрунт

мужайся пастырь мнимых рыб
герой старинного пасьянса
четвертый наблюдая рим
где бедра дивные лоснятся
и где заезжее лицо
любимец многих демонстраций
о камни бедное цело
и даровито как гораций
но в лоб ему что командорский гость
крестцовая уже стучится кость

v
вот дедушка сторонник мидий
поживу рыщет из песка
ему как стронцию рубидий
морская фауна близка
годами он господствует над пляжем
куда и мы как трилобиты ляжем

но впредь как миносу соваться на весы
чем гостье в пасть как эскарго на вилке
я жив я тоже гражданин весны
земную жизнь пройдя до половинки
и дальше в лес
а дед в пределе узком
свой геноцид ведет моллюскам

мать мидия мы свидимся в раю
прощай в зобу его свирепом
я мал мне тоже жаль идти в рагу
и умереть и быть скелетом

бог вещества я существую лес
любую сойку в нем и росомаху
им не бывать покуда я исчез
как эта устрица к салату
глядящая печально изо рта
как в радамантовы врата

vi
не ветер колдует калека
не в око звезды недолет
судьба одного имярека
покоя мне спать не дает
мы смежными были мирами
совместный знавали успех
и нежные джунгли герани
в окне пламенели у всех
нас речь поименно хранила
над бережной бездной держа
но врозь повернула планида
и срок наступил дележа

кто божьей назначен коровкой
на тучные стебли ползти
в америке этой короткой
побыть напоследок прости
устроена детству беседка
и времени ноша легка
в хитиновом сердце инсекта
где анкер стрекочет пока
чтоб с гулкими вровень горами
нас вынесла к пойме вода
и ветви вечерней герани
сомкнутся над нами тогда

vii
приходится что поступаю зря
что без толку внутри организован
и в постепенном приступе тщедушья
то щучью воду нежно именую
то мышь деньгами выдать попрошу

я карамзин эпохи кайнозоя
мне совести известен рудимент

две добрых феи свинка и ветрянка
вертели веретенышко надзора
наотмашь мышь и ласточку-певунью
в паштет определили в октябре

и вот я вновь устроен к вам в ужовник
отпущенник твердынь императива
в вирджинии где бенжамен констан
предусмотрел нам дерево свиданий
там тикает предательская птица
с храповиком в рубиновом очке

но ласточка из ссылки возвратится
как ленин в ежедневном пиджачке

\* \* \*

пристален лист лозы и вяза
облачный вечен флот
так и живешь внизу следя за
круговоротом вод
в ельнике белки бег заведом
весь позвоночный жанр
археозойских вод заветом
полон по щели жабр

темени в небе швы уместны
в деготной мге телег
чей невесть кто на всех из бездны
мирных чуратель нег
в травнике день знобит короче
светоч удельных рощ
или какой-нибо нароче
здобый пещрится хвощ

не прогудит ни мысль ни птица
токарь уймет фрезу
едем в воде по локти лица
дно под собой внизу
речь на воде очей как фото-
вспышки внезапен бой
бережно звездные своды грота
думаем над собой

в мрамор мертвы тапир и нерпа
времени бронзов лист
вдруг человетвь висит из ветра
ворохом честных лиц
впору ли кровле зодчим спетой
стены его в снегу
и запебыть всей тснью этой
из-под воды к нему

\* \* \*

невозможно теперь очутиться
в стороне где ребенком подрос
и зевесова умная птица
диссиденту врачует цирроз
а уж май нажимает волшебник
то вообще получает лапшевник

жить да по свету рысью сердито
прочь от варежек их от ворон
где со срубов не сходит селитра
и не молкнет мужской моцион
преуспеть в картузе и тужурке
сам буржуй и женат на буржуйке

свозят опрометь хану в хоромы
раз от мысли все мышцы сильны
в клеверах мужики-жукоборы
на жида выставляют силки
всенародный над ними борщевник
дверь не скрипнет не вспыхнет вообще в них

вместо в харькове или одессе
в час науки и муз торжества
хорошо оказаться в отъезде
чтоб не сделал привод старшина

\* \* \*

в блеклом зеркале боли
в гуле пустеющих комнат
то ли движется то ли
остановиться не помнит

из-под невода пыли
слабый колеблется случай
или маятник или
вкрадчивый топот паучий

с повивальной перины
спица из воздуха спета
на короткий периметр
тенью теснимого света

уйма времени снится
прежде чем в зеркале мнимом
отражению слиться
с деревом камнем и дымом

то ли мельница то ли
в суп обреченная птица
образ выбора доли
где умереть пригодится

на периметре звука
воздух простреленный низок
городская разлука
времени мыльный огрызок

# Эдем

1985

*Памяти Карла Проффера*

*Into my heart an air that kills*

*From yon far country blows*

*What are those blue remembered hills,*

*What spires, what farms are those?*


*This is the land of lost content,*

*I see it shining plain,*

*The happy highways where I went*

*And cannot come again.*

*A. E. Housman*

\* \* \*

подросшее рябью морщин убирая лицо
в озерном проеме с уроном любительской стрижки
таким я вернусь в незапамятный свет фотовспышки
где набело пелось и жить выходило легко

в прибрежном саду георгины как совы темны
охотничья ночь на бегу припадает к фонтану
за кадром колдунья кукушка пытает фортуну
и медленный магний в окне унибромной тюрьмы

отставшую жизнь безуспешно вдали обождем
в стволе объектива в обнимку с забытой наташкой
в упор в георгинах под залпами оптики тяжкой
и магнием мощным в лицо навсегда обожжен

и буду покуда на гребень забвенья взойду
следить слабосердый в слепящую прорезь картона
где ночь в георгазмах кукушка сельпо и контора
давалка наташка и молодость в божьем саду

\* \* \*

Четыре взрослых человека у обочины дороги, лицами в затылок друг другу, заняты непонятным. Первый поднимает руки над головой и хлопает в ладоши, второй тотчас приседает и разводит руки в стороны, третий тем временем успевает обернуться вокруг своей вертикальной оси, а четвертый попеременно падает и встает, кажется не нарочно. Люди эти крепко выпили и теперь идут описанным образом вдоль Волоколамского шоссе, хотя ни у кого нет в этом направлении ни родных, ни знакомых. Водка и труп человека дивные дива творят. У лысого, который вертится, есть, правда, шурин в Одинцове, но это совсем в другую сторону. Время к ночи, и редкие проезжие, торопясь по домам, не успевают даже удивиться.

А между тем совсем в другом месте, в центре Москвы, на балкон гостиницы «Россия» выходит командированный из города Дно Псковской области. Он отложил недочитанный роман В. Пикуля и тоже, кажется, хотел бы выпить, но пропиты уже и командировочные, и даже совсем посторонние деньги. «Боже, как скучна наша "Россия!"» говорит он и уходит обратно в номер. Фамилия его, между прочим, Пушкин — но это другой Пушкин, Виктор Антонович.

Настоящим стихотворением в прозе автор открывает свою новую серию стихотворений в прозе. Серия состоит из одного стихотворения в прозе.

\* \* \*

мы стихи возвели через силу
как рабы адриановы рим
чтоб грядущему грубому сыну
обходиться умелось без рифм
мозг насквозь пропряла ариадна
били скифа до спазма в ружье
чтоб наследным рабам адриана
развиваться без рима уже
кругозор населения уже
и не каждая баба при муже
но бесспорный аларих орел
он штаны нам носить изобрел

в наши годы бои не стихали
но в невинной мечте доползти
мы полки поднимали стихами
в кровь сбивая шрифты до кости
звезды в реках текли недвижимы
степь текла под копыта коней
и враждебные наши режимы
доживали в обнимку на ней
ночь была без имен и названий
мы следили за ней из развалин
отличать не по рангу смелы
римский меч от парфянской стрелы

протяни онемевшему небу
тишины неуместную весть
святый боже которого нету
страшный вечный которого есть
одели моисеевой кашей
загляни в неживые глаза
пуст ковчег зоологии нашей
начинать тебе отче с аза
на постройку ассирий и греций
в хороводе других парамеций
возводить карфаген и шумер
вот такие стихи например

\* \* \*

круче плечи темя площе
уши зоркие вперед
подотечественник в роще
соберезовик берет
почвы поздний пот любовный
ежедачный сбор грибовный
в паре кубовых штанин
патриот и гражданин

в рощах лиственных нередок
грибовиден и двурог
человека крепкий предок
вящий дарвину урок
на алтарь своей науки
небо скатывает в штуки
звезды в дежах солит впрок

этот древний аллигатор
враг пространства и змея
всех столетий арендатор
доли требует с меня
с первых дней такого детства
я живу по книгам бегства
в кислых звездах надо мной
суп вращается грибной

\* \* \*

народ не верит в истину вообще
а только в ту что в водке и в борще
мы постигаем ход абстрактной мысли
на практикумах в школе и семье
где всем по норме наливают миски
но вдвое полагается себе

не верит ноготь в право ножниц стричь
свинья не верит в студень
в солнце сыч
писатель пруст не понят населеньем
не чает ржи пейзанин за межой
и смерть сама у многих под сомненьем
за явным исключением чужой

везут с полей на всех довольно каши
кипят в борще несметные стада
одно беда что сострадальцы наши
по одному уходят от стола
ни борова ни пруста ни сыча
сквозь мрамор ноготь строен как свеча

\* \* \*

заглянем в решенье ландшафта
ольховых плетений и лоз
где спрятана скажем лошадка
везущая хворосту воз

там витязь двуручной стамеской
разносит в щепу ворота
светила науки совместной
жидовского жучат кота

страна трепака и жар-птички
стахановский суслик степной
парадов чумацкие брички
яга под кремлевской стеной

однажды в созвездье твереза
в снегу по слепые сердца
петра непечатная греза
европы меньшая сестра

жена зелена и упруга
кукушкой ревут времена
и жалко лошадку как друга
за то что в лесу умерла

\* \* \*
натянешь на старости дней
носки поплотней и пижаму
и шепчешь скорее стемней
прилипшему к векам пейзажу

мгновенно припомнишь дотла
квартиру с ее обстановкой
где светка впервые дала
урок анатомии ловкой

петренко на кухне сидел
орудуя тщательным гребнем
и было как в бочке сельдей
людей в этом городе древнем

затем от заречных лачуг
где нож в обиходе нередко
с вином приезжал ровенчук
а светку работал петренко

в тот год в кинозале прибой
гремел гэдээровский вестерн
чтоб города житель прямой
смотрел его с женами вместе

соседка одна умерла
холерная крепла зараза
но жив еще был у меня
отец подполковник запаса

## Город, город

Режиссер кукольного театра Наум Заславский женился, после пяти
лет близкого знакомства, на Тане Каждан, художнице, дочери ху-
дожника. Теперь они живут в новом некрасивом девятиэтажном до-
ме в среднем течении Проспекта. В таких домах думают о мебели, о
молоке, о копоти, летящей со Сталелитейного. О счастье вспомина-
ют редко.

Теперь возьмем Ровенчука из заречной редакции. Этот исчез без
следа. Прежде он бил из дробовика ворон на городской свалке и
имел любовницу в одном цыганском селе. Любовницу ему уступал
муж, но брал за это деньги. А еще раньше Ровенчук служил в мили-
ции.

Логач был посредственным поэтом и круглым циником. О нем гово-
рили, что он стучит. Раз на свадьбе его столкнули с балкона пятого
этажа, и он разбился насмерть. У него была жена Валя, она должна
помнить о нем — больше о нем помнить некому. Логач был объявлен
самоубийцей.

Саша Реутов всегда появлялся в обществе какой-нибудь юной краса-
вицы. Красавиц своих он неизменно именовал зайчиками, заочно и в
глаза. Он закончил философский, но называл себя социологом. В
день диплома, на вечеринке, он тоже упал с балкона — говорил, что
случайно. После этого Саша отпустил бородку, ходил на костылях и
полюбил подводную охоту. О Логаче он вряд ли слышал.

Поэтами были также Петренко, Бондарев и Ковтун. Все трое очень
любили женщин и с удовольствием об этом рассказывали. Петренко
был хром на обе ноги и вскоре женился. Он жил с женой в собствен-
ном доме на Воробьевке. Бондарев ездил на острова с одной десяти-
классницей. Ковтуна посадили за групповое изнасилование, а он был
добрый человек в очках.

Цветков долго учился в разных университетах. У него были способ-
ности к иностранным языкам. Поэтому он работал переводчиком, а
потом еще репортером где-то на периферии, корректором, рабочим
сцены, ночным сторожем. В конце концов он уехал жить в Америку.
О нем писали в газете как о растлителе душ, хотя многие думали о
нем иначе. Для Данченко, например, он был идеалом и наставником.
Что касается самого Данченко, то он вместе с одной знакомой за-
брался в канализационный колодец, и там они приняли нембутал.
Их разыскивали три дня. Знакомую удалось спасти, но у нее вылезли
все волосы. Данченко прожил всего семнадцать лет. Он хотел бо-
роться с режимом.

Игорь Водопьянов был другом детства Цветкова. Он любил стихи и
классическую музыку. Мать у него была сумасшедшая и однажды

прямо в квартире повесилась. А его сестру муж застал в постели с сослуживцем. Игорь с сестрой давно уехали.

А Ляшенко тоже был другом детства. Но все же он донес на Цветкова в комитет, не по злобе, а со страху и потому, что уже давно там работал. Жена его играла на скрипке, он ее жестоко избивал. Теперь он живет в Заполярье и работает в молодежной радиопрограмме для моряков рыбфлота.

Можно еще вспомнить Вову Скачкова, который был просто школьником. Он был совершенно лысый от какой-то болезни. За это все его дразнили, но он не обижался. Его убили ножом знакомые ребята.

А Таня Малышева работала в областной редакции и была неимоверно толста, несмотря на красивое лицо. Она считала себя диссиденткой и все время играла в конспирацию, но редактор требовал, чтобы она вступила в партию. Ей хотелось любви, она давала практически всем.

Теперь возникает вопрос: правда ли все это? Можно сказать, что именно так все и было, и что есть свидетели. Но свидетели сами были соучастниками, и нам издали трудно понять, кто из них свидетель, а кто и впрямь соучастник. Издали вообще трудно понять.

И если есть Бог, а теперь считают, что непременно есть, надо спросить Его, куда девается то, что проходит? Может быть, прошедшее — это все равно что никогда не бывшее. Есть только то, что есть сейчас, а того, что было, сейчас нет. Был город, город, были в нем какие-то жители, но теперь остается полагаться на память, потому что нельзя уже протянуть руку и сказать: вот!

\* \* \*

система редких приполярных городов
сгущенных сливок с поясной наценкой
удовлетворение нужд путем народных песен
население так стосковалось по культуре
что называет своих немудрящих дочерей
викторина ольвия идиома

но уже шире подвоз сливового сока
на бедре у ольвии выколото
умру за горячую еблю
сотни собак на безлюдном снегу
поворачивают головы точно по команде
при виде человека правдоумца
заезжего труженика всемирных знаний

\* \* \*

сколько мне лет спрашивал старших
они отвечали четыре с половиной
примерял этот возраст как дивное платье
сравнивать было не с чем

весной воробьи под карнизом веранды
мастерили неказистые гнезда
был долго и привычно болен
годами не поднимался с койки
узнавал устройство растений
из прутьев роняемых воробьями

к лету перевезли в павильон
с перил свисали ягоды паслена
на горизонте вертикально стояло море
крутили китайское кино смелая разведка
тайная зависть к этим героям гор

узнавал из кино устройство смерти
серая и длинная вроде крысы
приходилось бояться темноты
четырех с половиной уже недоставало
хотелось быть всегда

\* \* \*

подшивали анамнез в альбомы
были шансы мои неважны
но по счастью летальной амебы
доктора у меня не нашли
и пока я трубил в карантине
воротилась к ляшенко жена
а на ковтунской прежней квартире
неизвестная личность жила

в сентябре на проспекте вечернем
где в аптеках иссяк валидол
половым обуянный влеченьем
человеческий плыл вавилон
ночь ли ковтуна в образе женском
увлекла на скамью нарсуда
чтоб одним положительным жестом
полюбил эту жизнь навсегда

мы текли к театральному саду
покупали вино и еду
там ляшенко уламывал ксану
а жена потакала ему
выборову в дубравах глотали
с непривычки казалась слаба
и любовь подступала к гортани
не умея сложиться в слова

\* \* \*

помню пепельное утро
вязы в воздухе пестро
журавлей в лазури утло
ассирийское письмо

в хрустале как приступ астмы
сквер под бременем росы
ослепительные астры
напоследок там росли

очевидно есть причина
вечность прочная одна
что любовь неизлечима
до финального одра

лишь бы поступью обратной
проступала на траве
в сланце рыбой аккуратной
четкой мухой в янтаре

\* \* \*

в отрочестве тянуло взглянуть на покойника
тихого желтого с бумажной лентой на лбу
промчаться опрометью через двор туда
где возносит его медный вал музыки
у нас в семье никогда не умирали
некого было любить этой торжественной любовью

когда же открылось что и мы цветковы смертны
лишь издали я сострадал взаимному горю
звонили из детройта передавали по буквам
телеграмму о скоропостижном уходе
музыка медно пела без меня

один из виденных навсегда запал в память
с черными головнями ступней на клеенке
безымянный узник старческой гангрены
а отец в своей новой дюралевой лодке
обожженный первым апрельским солнцем
горбится над упрямым мотором
в безветренном дрейфе времени

\* \* \*

голодный глоток нембутала
кладбищенской глины разрез
нам только молвы не хватало
что данченко этот воскрес
он жил на асбестовой с дедом
где в марте платаны черны
неистовым занятый делом
моложе и лучше чем мы
строчил манифест на машинке
зимой из дурдома удрал
и умер почти по ошибке
за нас принимая удар

в начале пасхальной недели
был свет у наташки зажжен
к полуночи было виденье
к ней данченко в гости зашел
в нем не было смертной печали
когда они пили портвейн
пальто и худые перчатки
стихов непочатый портфель
мои же следы без просвета
кромешная ночь замела
в том городе с хордой проспекта
где данченко жив за меня

\* \* \*

в парке дубовая роща
очередь точно струна
на обнищание ропща
брали по кружке с утра
прочь из отцовского плена
вынесла нас навсегда
кружек ажурная пена
ржавая жертва сельдя

в сумерки вновь на природу
нас поневоле вело
выучил шурик приему
пить в винтовую вино
игорь читал из бодлера
голосом гневно дрожа
завистью печень болела
жизнь оставалась должна
логач желтея от жажды
долгие дни голодал
мы с ним в зарнице однажды
пропили мой гонорар

в высшей судебной палате
участью горше щенка
логач предъявит к оплате
общие наши счета
там на посмертной странице
спишет любые долги
жажда которой в зарнице
мы утолить не могли

## Шурик и Римма

Одного приятеля Заславского звали Шуриком. Шурик был почти неуместно рыж. Он сидел за столом, ел густой борщ и глядел на гостей ласково и рассеянно. Он только что вернулся из тюрьмы. Там он отбыл три года за ограбление гастронома.

Грабить магазины как раз входило в обычай. У Петренко под кроватью стояли ящики с водкой, он поил встречного и поперечного. Вермут он приберегал для более нежных свиданий. Так его никогда и не изобличили.

С Риммой Крыжевской и ее подругой Ксаной судьба обошлась хуже. Эти пытались среди бела дня вынести шубы из теткиной квартиры. Но тетка еще прежде хватилась ключа и донесла куда надо. В ожидании суда Ксана принимала соболезнования нагишом в ванне, по горло в пене.

По вечерам сходились в сквере у театра, пили неприятный как лекарство портвейн, менялись новостями. Поэт Шаленый, любимец областной организации, поймал сифилис на одной официантке молодежного кафе. Его в голом виде показывали для примера студентам медицинского института. Сухобок бросил свою учительскую работу и пошел в художники. Он писал маслом нежных испуганных девочек с глазами в кулак среди одуванчиков, похожих на велосипедные колеса.

Потом у него сгорел дом со всеми картинами и даже сарай с моторкой. Его жена Наташка руководила танцевальным ансамблем в клубе. Она спала с Данченко и впоследствии основала его посмертный культ.

По вечерам из ресторана «Кутаиси» выходили мальчики с лицами крепче меди, в длинных волосах и польских джинсах. Навстречу им Проспект выплескивал девочек в брючных парах, в платьях отчаянных фасонов. Многие быстрые романы разрешались в близлежащей балке. В магнитофонах рыдала и билась нездешняя музыка.

И если вновь грянет знакомый вопрос — «где ты был, Адам?», — надо ли утруждать себя ответом? Разве не всем и не отовсюду видно это узкое пространство на приречных холмах, залитое липким ртутным светом, пропахшее петуниями, «Шипкой» и плодовоягодным вином в разлив? Там дежурили похоть и надежда, истерика и аптека. Там и был Адам, пока его не согнул первородный грех, судьба семьянина и сталелитейного труженика.

Последующая жизнь Шурика сложилась обыкновенно. Он пошел на полупроводниковый завод, обзавелся со временем магнитофонной приставкой и даже подсобрал денег на джинсы — настоящий «рэнглер». Кроме того, он прочел от доски до доски «Критику» Канта.

Римма отвертелась от тюрьмы путем беременности. Но она сильно располнела, быстро состарилась и пошла проводницей на пассажирский столичного направления. А прежде она была стройной и прозрачной, писала короткие детские рассказы, до слез умилявшие одного известного писателя. И больше о ней, по совести, сказать нечего.

\* \* \*

быть учителем химии где-то в ялуторовске
каждый день садясь к жухлой глазунье
видеть прежнюю жену с циферблатом лица
нерушимо верить в амфотерность железа
в журнал здоровье в заповеди районо

реже задумываться над загадкой жизни
шамкая и шелестя страницами
внушать питомцам инцеста и авитаминоза
правила замещения водородного катиона
считать что зуева засиделась в завучах
и что электрон неисчерпаем как и атом

в августе по пути с методического совещания
замечать как осели стены поднялись липы
как выцвел и съежился двумерный мир
в ялуторовске или даже в тобольске
где давно на ущербе скудный серп солнца

умереть судорожно поджав колени
под звон жены под ее скрипучий вздох
предстать перед первым законом термодинамики

\* \* \*

облиздат выпустил своевременную книгу
учебник насморка для мальчиков
прискорбная неясность в этом вопросе
теперь рассеяна навсегда

но как еще много белых пятен
действительности не разъясненной наукой
зачем растут несъедобные грибы
созвездия не имеют правильной формы
как нам реорганизовать природу
в соответствии с объективной реальностью

ведь если на закате сойти к реке
там первобытен беспорядок жизни
шумное соревнование вредных видов
обилие голых женских купальщиц
требует срочных мер

\* \* \*

переломы срастаются мигом
сколько боли на детство ни трать
древнегреческим фоном и мифом
в дневниковую канет тетрадь
будет мрамор текуч как известка
упразднят временную шкалу
и скелет небольшого подростка
в инвентарном пропишут шкафу

незабвенные кольки и лидки
вопросительный шелест осин
сторона где до памятной линьки
аккуратную кожу носил
в хладобойне хрусталики зренья
вместе с телом снимают с телка
материнского времени звенья
из-за пыльного видим стекла
коновод калидонской потехи
головней уязвленный в стегно
невозвратно записан в потери
созерцать вековое стекло

\* \* \*

еще вовсю живешь и куришь
наносишь времени визит
но в головах дамоклов кукиш
для пущей вечности висит

в такой мгновенный промежуток
строка в контракте не видна
что речь дается кроме шуток
как женщина или война

скоту пристало рвать постромки
стремглав на зимней мостовой
отринув инструмент постройки
миров из пены мозговой

вот только вынесут одеться
дойдет на каменном ветру
и смертный всхлип и крик младенца
стенографируют вверху

\* \* \*

рабочий комплект солнечная система
руководство к сборке и эксплуатации
запуск планет в плоскости эклиптики
выключение посредством духовой трубы
труба прилагается к механизму

пионером просился в медную группу
выдали альт объяснили названия нот
предложили освоить гаммы самоучкой
неделю бился над загадкой гармонии
вернул завхозу полный альт слюны

музыка мудрого авторитета меди
встать навытяжку под ее безусловные звуки
эллиптическое вращение тел удручает
пора сыграть что-нибудь военное
неистовое нам нечеловеческое врежьте
не на износ же гонять эту систему

\* \* \*

квадратный двор бидон хирсы на вынос
в стекле пустырь стерильной наготы
взошел себе и рос как вредный вирус
с газонов обгрызая ноготки
еще судьба сложилась всех добрее
кто сел за кражу кто за домино
был друг один в очках и себорее
но за хирсу я взялся до него
все про паскаля заводил с одной
потом блевал в смородине со мной

он выдохся а я набрел на выход
счастливый зубр у славы на лугах
лауреатом почестей и выгод
по жеребьевке избран наугад
из сумерек под неудобным грузом
годами продирается ко мне
в полуцивильном кительке кургузом
с прощальным взглядом в роковой кайме

уже непроходима простыня
прозрачного как время пустыря

\* \* \*

воздух в паутине перегара
щучье порционное желе
в августе на север пролегала
ветка центробежная жэдэ
стыло сердце пригнанное к ритму
стыками колеблемых купе
на посадке я окликнул римму
с килькой в доморощенном кульке
там на тризне быстрой и суровой
на помин рассыпавшихся дней
мы себя расслабили зубровой
с рыбьими кадавриками к ней
ящик волжского она везла
но с похмелья было мне нельзя

ощупью до ближнего сортира
я дополз пока стоял состав
римма полуночникам светила
челюсти компостера достав
легионы огненных опилок
август раздувал над полотном
молодости тщательный обмылок
в зеркале клубился поясном
молнии ворочала вдали
полночь в облачении вдовы

\* \* \*

в ноябрьский озноб с козырька мавзолея
совместные луны горят мозолея
подножье кишит небольшими людьми
идет сизигия гражданской любви

чуть схватит чуть станет в бессмертии грустно
привычные ставни в былое толкни
огромного мяса орущее русло
с утробным гранитом по кромке толпы

крепки в голове духовые ансамбли
медальных не тлеет кольчуг шевиот
доныне в тромбозных ступнях не ослабли
вживленные лезвия маршевых нот

мичуринский убран в желудки картофель
пророческий реет над шествием профиль
пиджачная пара с воздетой рукой
и нужды в бессмертии нет никакой

\* \* \*

в полдневную темень на страшном ветру
потухшее тело чернело вверху
но те что расправу вершили
еще разойтись не спешили

один милосердно ускорить финал
меж ребер копье на полпяди вогнал
по личной какой-то причине
приход облегчая кончине

с душой эта плоть расквиталась давно
но жалу копья поддалась все равно
кровавую выплеснув воду
на шлемы латинскому взводу

поодаль безгласные стиснув уста
ждал отрок которому прямо с креста
он мать поручал умирая
и петр и мария вторая

от стен где вчера он учил невредим
состав омовенья принес никодим
в льняную укутали робу
и стражей приставили к гробу

уже овчары поднимали жезлы
пасхальную снедь собирали в узлы
и ангел его благовестный
на склон поднимался окрестный

но думалось в горестной спешке петру
что незачем в храм приходить поутру
что время готовиться к тратам
вернуться на промысел с братом

еще не гасила мария огня
вперясь в непроглядную стену
еще в обещание третьего дня
не верилось крестному тлену

\* \* \*

в старости блуждать и не бояться
в заповедной впадине реки
ситцевые бабочки двоятся
бронзовые тикают жуки
оползнем разорванный проселок
памяти плакучая лоза
жизнь в стенах пропетая спросонок
наяву не значит ни аза

навзничь всплыть на зеркале багровом
царственной сторицей за труды
в заболоченном краю бобровом
проплутать до ангельской трубы
певчий голос угасает тонко
жизнь прошла остановилась пленка
в дебрях день играет молодой
сизые стрекозы над водой

\* \* \*

о загадочной мата-хари или нефертити
слагает стихи один областной талант
пресловутый женский образ которой
запал в сердце за чтением календаря
словоцветия типа мельхиор и вибрион
будоражат невозделанное воображение

по-своему недурна пригородная природа
но в ней дефицит лоска и трепета
разве знакомую свезти на острова
прельстить познаниями в сферах
вечерами кошки шумно предаются похоти
их эволюция в бездуховном тупике
это объяснимо и вполне научно-популярно
но сердце содрогается о вечном
тетраэдр презумпция джамбаттиста вико
так учит непогрешимый календарь

об этом и петь чтобы любое слово
гордилось высоким званием метафоры
пускай за стеной безвредно спит семья
знакомая зовет к материальным издержкам
пускай длится в обгаженных маргаритках
неугомонный коитус кошек

\* \* \*

от крайней северной до восточной оконечности
расстояние порядка семи световых рублей
страной правит хор имени пятницкого
обширные угодья засеваются озимой воблой
довольно места культурно отдохнуть

сведения из оккультной географии
рудиментарны и недостоверны
из нравов помню манеру обитателей
перемежать беседу восклицанием бля
это фантом увядающего ума
область куда я беззащитно засыпаю

когда межевали свет и тьму
осталась полоса сверхсметных сумерек
лесостепное кочевое волчье
временами бредится мы оттуда родом

миновало большеглазое время веры
в буку в кинокефала и строфокамила
нынче наука по всему фронту
все бля выдумки происки обскурантов
моя родина геометрия

\* \* \*

местная осень по остов объест
сад что сводили медведки да слизни
область печального образа жизни
гуманитарной науки объект
здесь у корней обескровленной флоры
водки ручей и ветчинные горы
каждый предельную дозу жует
завтрак внезапен как выстрел в живот
лопнул хитиновый житель режима
спазмы внеплановой линьки вредны
и существуемость жизни внутри
недостоверна и опровержима
осень со сна припадает к ведру
птичий скелетик порхает вверху

нежный пейзаж до основы облез
век артефакта мучительно краток
видно отпущено было в обрез
на баловство это зренья и красок
ветер свистит над газетным листом
мысль повисает в сосуде пустом
нищенка ночь калибрует объедки
по чертежам составляет сову
стрелка часов у багровой отметки
в жилистом словно железном саду

\* \* \*

готической ночи постройка
в спирту призовые мозги
нам было с сопровским просторно
в большом кашалоте москвы
бетонные ребра синели
дежурная фляжка к бедру
деревья нездешней сирени
над нами шумели в бреду
до стенки рассвета картонной
пешком из бульварной петли
мы шли подкрепляясь картошкой
которую впрок напекли

за поздний урок идеала
я был в этой жизни казним
почти что была илиада
с головкиным вовой одним
я рос достоевским подростком
любви не щадил на себя
а в этом тщедушном сопровском
был веры запас навсегда
он жил без ущерба и горя
союз ему был не указ
и было не менее года
на каждого жизни у нас

\* \* \*

минеральные толщи и слои существ
отделяют от идеальной жизни
так из угла розовоглазо
любуется мной недорогая мышь
ее секретное имя бисектрыса

временами прозреваю что я иной
не так наивен как непроницаемый кварц
который существует усердно и искренне
мнимый я лишь концентрация пространства
когда размыкаются внутренние веки
мысль это мышь-иллюзия

это под взглядами красавиц вещей
начинает быться и смертнуть
редукция молитвенной параболы
хлеб наш насущный даждь нам снедь

на рассвете ума
томило подозрение заговора взрослых
нас нет отдельно говорил я одной кате
рождение и смерть прообраз и тождество
редукция параболы мира
не отопрутся теперь мне виднее
я сам один из них

\* \* \*

ученик озноба и недоумения
навеки всеимперский лауреат
автор известной рыбы
собрался и стою с вещами
немного надо рук
часы отзванивают северо-запад
первые угрызения душной зари

станция в испоконных липах
житель с бледной бутылкой наотвес
уговорил себя в клепсидру
соратник по биологическому виду
расплакаться о нем
его лицо
безлюдно

приходят какие-то проститься
под ногами с визгом и скрежетом
растет трава

\* \* \*

признание в любви некрасивой девушке
дружба двух предсмертных старичков
вера в необходимость дворового пса
сиюминутные хрупкие предметы

но если в этом чрезмерно преуспеть
наблюдать планеты и кротко гербаризировать
но если на лавочке в солнечном чаду
в кругу нежных малюток и пчел

в тени сердца произрастает камень
тела ветвятся на мраморе метро
какой-нибудь гунявый брежнев кому
он трогателен своей тщетной мощью
револьвер засулич или хинкли
отмеряющий возмездие миропорядку
такой же акт любви

(завтра он сам проговорится
шакалам из вашингтон пост)

взгляд цветка проницающий недра
триумф моментальной ветхой вещи
старички с их утлыми собачками
фтор фосфор но все-таки аргон
сапожный отпечаток бога
самородок надежды в пемзе

\* \* \*

...Пишу тебе из общего давно,
в которое твое теперь, возможно,
уже не верит. Вспомни наш июль
совместный напоследок, как бузили
на Театральной, теребили телок
со стометровки, к Шурику таскали
кордебалет на льду. Ан у иных
внутри ослабло. Помню, залегли
в семейные траншеи. Помню, пили
с Ровенчуком — он прикатил из Праги,
он там спецкор — в ту ночь меня свезли
на месяц на просушку. Ровенчук
опять пропал, как не был. Навещали
лишь мать да Розка Резник — помнишь Розку
из горного? Мать прочила ее
тебе в невесты, ты уехал, я
женат на ней.
        Я больше не пишу
стихов. Монблан провинциальной музы
досрочно взят. Ее желтушный диск
отныне на ущербе. Иногда
я сортирую рукописи. Две-
три вырезки из выцветших журналов,
письмо: полувосторг-полуотказ
столичного литконсультанта. Розка
в отлучке где-нибудь — мы худо ладим
под гименеем. Помнишь, у тебя
(у нас, пожалуй) был такой прием
самооценки: если перечтя
свои стихи по истеченье года
с момента авторства, находишь их
хотя бы сносными — затей другую
карьеру. Ты старательно держал
дистанцию между собою прежним
и нынешним. Масштабов абсолюта
достиг разрыв. От этих прошлых строк
впадаю в состояние экстаза
и угрызений. На излете льгот
крамольной воли бумеранг столетий
вернулся. Вот он, восемьдесят третий —
тридцать седьмой, Дантеса звездный год!

Не позволенья приподнять завесу
моей взаимной тайны, не раздела
загробной репутации твоей
я требую. Из Андерсена мне
играть не надо. Я уполномочен
хоть тем же Шуриком кромешным, хоть
иудушкой Ляшенко и другими
нижеославленными — посягнуть
на ход событий повести, которым
здесь ложная окраска придана.
Меня послал свидетельствовать город,
где лопнул твой неутоленный гонор,
а стыд на лоно Розка приняла.
Я — регент оскудения, при коем
щербинам мора испещрить страну.
Я — прежний ты, твой изоним, привоем
приноровленный к мертвому стволу.
Пока пейзаж не перестроен Летой,
я — гений всей посредственности этой.
Мети с оглядкой, новая метла.
Я был тобой. Не предавай меня.

\* \* \*

пространство как море смеркается книзу
умом помыкают слова
но каждую в точности воблу и крысу
любовь соблюдает своя
в покоях где свет невысок от угара
нас в камень безвестнее вмять
и загодя всякую вещь отругала
своя справедливая мать
легенды вещей в геометрии схожи
сошьет себе крылышки скажем из кожи
какой-нибудь слесарь в лесу
и лес оставляет внизу

безвыходен сон как душевная поза
уловка в ночную страду
нам время устроили с целью гипноза
события видеть в строю
любой краевед лошадиное бремя
лису промышляет с седла
которую проще усвоить из брэма
а смерть наступает всегда
в двустволку очей изнутри фиолетов
субъект озирает теченье предметов
нагнется тщеславясь у ведру
и прочь растворится вверху

на диво у нас биография птичья
мякину клевать подпевать из приличья
порхать и гнездиться везде
нутром в рукотворную темень взгляните
где остовом костным трепещет в зените
находчивый слесарь в венце

\* \* \*

гитару напрягал ровесникам-ребятам
слюны пословицу вколачивал в припев
тщась память выгадать в потомстве и ревмя там
век вечереющий в поту хрипел

все статую себе мерещил из металла
как у бульварного стояльца-рогача
речь скрипочка сверчка гомерова гитара
забыться князем славу рокоча

нет лучше как в саду меж бабами морскими
жить вдребезги что твой татарский гость садко
но бронхами ли хвор перенапряг мозги ли
всласть начато да вытянуть слабо

бобров затруханный за тщетною конторкой
зайдется чайником аж классикам беда
с кого-то спросится что жизнь была короткой
и для чего она вообще была

родиться набело в краю свинца и ситца
в древесных пальцах нить осенняя тонка
гитару в сторону давай друг другу сниться
а жить само сумеется тогда

изгнанник букваря твой сладкий ад женева
секунды шелестят как мятное драже
и памятник тебе из братского железа
в подземном силосе настороже

\* \* \*

так я игоря вижу подзорно
позитива прозябшие зерна
пруд придумаю в снулой плотве
обуздать не владею вполне

ночь выносит его на подмостки
как пучина с кембрийским песком
остальные друзья и подростки
точки мрака собой в тенескоп
голенастое с томиком блока
только резкость наводится плохо
в окуляре зрачков недолет
видно гибели год недалек

лишь один до затмения верен
шепот ивы ночному пловцу
где моторки кильватерный веер
у причала колышет плотву
в двух словах городская громада
на большом колокольном ветру
чтобы дружба нежна и хромала
с поэтической строчкой во рту
раз бульварный фланер анатолий
за портвейном на метр побратим
скудный умысел нам обратил
на такое родство анатомий
принесущее уйму вреда

только игоря мне никогда

\* \* \*

с получки промешкать беда
завоз полусладкого выпит
июньская местность бедна
как в сутки исхода египет
досуг слабоумен и глух
зазноб созвонить если есть где
соседский валерка в подъезде
садится и какает вслух

наскучив любовью жены
ляшенко ночует на пляже
там в засуху лозы желты
и небо в неоновой пряже
в запое над звездной водой
под нежные визги гарема
порой глаукомы гомера
ему не хватает одной

за доступ в свой млечный чертог
и красного кубок отдельный
ляшенко взимает чехонь
с чинов подъяремных владений
наместник свиреп и смазлив
суэцкий песок по колени
и красное ордена лени-
на море с чехонью в разлив

\* \* \*

сарафан на девке вышит
мужики сдают рубли
пушкин в ссылке пьет и пишет
все что чувствует внутри

из кухонного горнила
не заморское суфле
родионовна арина
щей несет ему в судке

вот слетает точно кречет
на добычу певчий бард
щи заведомые мечет
меж курчавых бакенбард

знает бдительная няня
пунш у пушкина в чести
причитает саня саня
стаканищем не части

век у пушкина с ариной
при закуске и еде
длится спор славян старинный
четверть выпить или две

девка чаю схлопотала
мужики пахать ушли
глупой девке сарафана
не сносить теперь увы

с этой девкой с пуншем в чаше
с бенкендорфом во вражде
пушкин будущее наше
наше все что есть вообще

\* \* \*

когда вечерами в семейном кругу
восстав на полвека из бездны
я свет зажигаю и трубку курю
мне мысли мои неизвестны

в ночной духоте протоплазме на страх
железные рыщут приборы
а я в моей майке и чистых носках
напрасен устройству природы

метнешься к аптечке хватить порошка
наотмашь зубилом и дрелью
жена и собака твоя подошла
сестра по линнееву древу

когда я бумагу пятнаю рукой
как землю остатки сезонов
из умственных недр возникает другой
неведомый житель семенов

железо и смерть на парсек упредит
жена пожила и привыкла
так помнишь прилаживал речь фукидид
к налимьей гортани перикла

\* \* \*

неповторимый быт коренных популяций
шелест в осоке кто-то крикнул выпью
и выпил это дед евгений из района
привез припоя и бидон солярки
крутить движок а то кино угомонилось
зато на замке амбразура сельпо
финита ля коммерция

в конторе моложавый рабочком володя
над письмом в газету правда жизни
пишет земля наша велика и обильна
а порядка в ней нет
володю не пронять культпросветгармонью
он ценитель мужской красоты
поборник уранизма

а в жилищах напролом разливают
работают колбы вюрца тикают бюретки
дед евгений кропотливо титрует
продукт освоен и отменно идет
под сельдь нарезную безоткатную
ломоть графита пирожки с вальсом
северный ледовитый огурец
густо посыпаешь нонпарелью
аппетит приходит во время икры
в желудке шумят витаминные рощи
певчими рыльцами крыс
утыкан мрак

\* \* \*

в ложбине станция куда сносить мешки
всей осени макет дрожит в жару твердея
двоюродных кровей проклятия смешны
не дядя-де отнюдь тебе я

в промозглом тамбуре пристройся и доспи
на совесть выстроили вечности предбанник
что ж дядю видимо резон убрать с доски
пржевальский зубр ему племянник

ты царь живи один правительство ругай
ажурный дождь маршрут заштриховал окрестный
одна судьба сургут другая смерть тургай
в вермонте справим день воскресный

я знаю озеро лазурный глаз земли
нимроды на заре натягивают луки
но заполночь в траве прибрежные зверьки
снуют как небольшие люди

нет весь я не умру душа моя слегка
над трупом воспарит верни ее а ну-ка
из жил же и костей вермонтского зверька
провозгласит себе наука

се дяде гордому вся спесь его не впрок
нас уберут равно левкоем и гвоздикой
и будем мы олень и вепрь и ныне дикий
медведь и друг степей сурок

\* \* \*

водки в достатке и мойва вкусна
хрустких известий бумага
данченко данченко житель куста
дух дымаря и тумана
был ты за водкой искусный седок
звезд нарицатель подальше
вздрогнем по триста и входим в село к
вечеру трое поддавши

лошадь корова колхозник в дохе
старческой грыжи нажива
в чайной проезжий недавней вдове
взял курабье и алжира
попусту время верстает шаги
так меж тавдой и варшавой
скиф сусломордый расслабив штаны
скифку манил на шершавый

даже живя по канону наук
белого на три куверта
что же наш третий голуба наум
весь из тумана и ветра
мы ли его не сажали к столу
в зареве зимней латуни
разве уж вовсе на эту страну
нет угомона в натуре
день посветил и костьми отдаем
в хляби архивного моря
ангел с гармонью ночной водоем
звезд безымянная мойва

\* \* \*

куранты в зените ковали века
река соблюдала блокаду
ходил на гитарные курсы в дэка
затем подучился вокалу
с трибун присягали твердили в трубу
напрячься и времени больше не бу

досуги и дни пропадают в дыму
куранты лютуют далече
в хрустальном пейзаже проело дыру
жуков перелетное вече
раздолье зенита реки ширина
проснешься и времени больше не на

нас в кадре росы ненароком свело
биенье немецкой пружинки
из туч левенгук наставляет стекло
на тщетные наши ужимки
в теснине проспекта удобно видна
оставшихся дней небольшая длина

\* \* \*

из-на щемер словебной чаще
сетрине весклые борщи
не учиво наречим даще
вокще се бодло еропщи
озничь советлых древесомо
лесмень студмя единогров
наз полчести нек иврес домо
щебак и креп ену и кров
сен язмь от мыла до верлитра
открынме осече и ворт
блескря болотвена селитра
язырь суспелый недоверт
навзредь простравина слепа же-дь
сустрево вренему душес
бодвыль уверженная пажедь
мираж ли преждева ушед
стебло аж выщедмены жизлы
к северодрому пенье пар
(так нам секрет загробной жизни
над вещим блюдцем перепал)

\* \* \*

так близок лес так сон перед рассветом
из мира птиц очами посвети
усердьем риз и крюковым распевом
ольховый бог устроен посреди

здесь летой лес сплавляют без убытка
в ботве улитка липкая слепа
правь бог травы твой кроткий век улыбка
когда нас всех уже смахнут с листка

так канет бук уже ростки ранимы
страх жизни вхож в зеленое нутро
так лес велик так робок бог рябины
он дым едва а больше бог никто

нам нежен дым но нет простоя страху
правь звездосплав от северной страды
пока в лесу весь род пернатый сразу
кладет на музыку его стволы

\* \* \*

речь-игрушка чтобы все слова на а
мысленное назад к послушной норме
кация бдикация мортизатор
на скальных лопастях
известковые мазки деревушек
сушка табака в безлюдных улицах

все побережье чуть углубись
безлюдно бестелесно
в листве грецкие и другие орехи
эскапист с одноименного теплохода
куритель шипки и в перспективе автор
как ему холодно как рельефно
предметы которым тесно в именах

где же все мужественные жители
конские ездоки легенд
отчего не пируют под платанами
дерзнешь портвейна но внутри перегрето
желчная зелень прибоя
камень заблеван желтым

взятое взаймы отдохнуть
возвращать практически некому
повсеместно эпос народного гения
необитаемый вулканический мираж
флору сплошь испещренную хурмой
изгложет объектив любоведа

эта прощально щемящая ркадия
исчезновенный мир
за миг до своего рмагеддона

## Любовь Ровенчука

У Логача, несмотря на весь ум, была странная черта. Ему казалось, что все женщины прицениваются к нему. Вернее, он считал, что они только о том и думают, у кого длиннее. Логач стремился в аскеты. Людей он не любил и терпел только по необходимости. Он презирал их за бездуховность.

Ровенчук понимал любовь по-другому. Свою знакомую Любу он уговорил в первый же вечер в парадной. У них завязался роман, он прямо задаривал ее цветами и шоколадом. Ровенчуку, в отличие от Логача, женщины доверяли. В нем навсегда осталось что-то от милиционера. А к милиции у женщин доверия больше.

Раз уж речь зашла об этом, пора вспомнить и Мишу Фимушкина. Ему все хотелось рискнуть, но было не с кем. Он был плотный и розовый, а выпив, принимался без умолку петь. Других козырей он за собой не знал, и потому решил выучиться играть на гитаре. В этом ему ни от кого не было помощи. Тогда он сам составил кое-какие аккорды и стал петь очень громко, он надеялся заглушить собственный аккомпанемент. Такой прием подействовал, и Фимушкин вскоре женился на одной студентке агротехникума. В девичестве она носила белые брюки, но после свадьбы отдала их незамужней сестре. Тогда же умолкла и гитара Фимушкина.

Бармен Руслан работал в кафе «Зарница». Когда построили «Кутаиси», он тотчас перебрался туда. У него была на содержании Инга, он увел ее у Майского. Майский встретил эту особу на трамвайной остановке. В ту пору она только что приехала из дальних северных мест, но ничего при себе у нее не было, кроме собственной фотографии в голом виде. Когда Руслана взяли за анашу, Майский с Ингой расписались.

Вера, по прозвищу «Перепелочка», была одно время подругой Сухобока и даже родила от него девочку. Потом Сухобок женился на Наташке, и Вера решила влюбиться в Леву Евсюкова. Но она плохо рассчитала и влюбилась так сильно, что даже пробовала отравиться бертолетовой солью. Когда из этого ничего не вышло, она переменила тактику и стала, в подтверждение чувств, давать Евсюкову публично, при большом стечении знакомых. Впоследствии все утряслось, и теперь она замужем за полковником.

Ровенчук гулял со своей Любой полтора года. Потом она закончила педагогический и уехала в район преподавать чистописание. Настоящую жену Ровенчука никто в городе не видел. Жену Логача знали только по имени.

Однажды в июле Цветков выбрался в Заречье. В редакции незнакомые люди сказали, что Ровенчук внезапно рассчитался и отбыл неизвестно куда. Логача уже полгода как не было в живых. Во дворе редакции суетились некрасивые куры в зеленке.

С Цветковым тоже была история в таком роде. Он годами приударял за одной знакомой по имени Агнесса. Тем временем она вышла замуж за ядерного физика, но у того выявилась сложная болезнь суставов с летальным прогнозом. Агнесса заблаговременно с ним развелась и пошла работать в областную газету. Там ее сильно невзлюбила диссидентка Малышева. По ее доносу Агнессу накрыли в лаборатории с фотокором в момент адюльтера. Тогда она ушла по собственному желанию и взялась за воспитание ребенка.

\* \* \*

кто в горелки атлет или в шашки
кто в буру отдохнуть до утра
но любовь к утолению жажды
затмевает рефлексы ума
итээр комсомолу в усладу
кавээн коротает в семье
мы зашли в кутаиси к руслану
коньяку предложили себе

эти дымные в рылах собранья
в несусветную веру врата
там сторонник один рисованья
и учился другой на врача
мы руслану челом как полпреду
на словах доказать правоту
а ему закатили торпеду
за чрезмерную сухость во рту

и пока я слабею и кисну
алкоголь в своих бедах виня
этот август бестрепетной рысью
меж стволов настигает меня
лица в кольцах табачного воска
вот подсела сподвижница розка
незаметная блузка легка
из-под мини соблазны лобка

пой-чаруй меня брачная роза
коньяку министерская доза
десять лет или больше тому
где я в зеркале бледном тону

\* \* \*

пора от людей отличаться
наехало с ксивой родни
в печати бежать отмечаться
что нет не такой как они
что прибыло дней по коренья
и с косами пору проспят
когда по полям поколенья
отпразднуют полураспад

коль в кроткие нравом уроды
продвинуть наука могла
простым уроженцем утробы
меня полагает молва
хитер да извилины плохи
двуногий скачу об одной
и вскоре говядину плоти
верну подписав обходной

ан мрак проницая картонный
где утлый всему эталон
я видимо вечный который
не помнит что я это он
мерещится в дырах дорога
и спичка слепит до зари
когда из гремучего лога
на свет поползут косари

известен и я о вольтере
о сахарной норме в крови
но дошлый читатель в партере
улыбку во рту не криви
он медлит для пущего понта
пиджачная в сперме пола
как будто не розданы польта
и на хуй ему не пора

\* \* \*

бузит в руинах рима
народная братва
пищальные отряды
берляют на холме
в консервной банке рыба
печальная мертва
портвейна как отравы
ебальники в халве

ударно поработав
закусишь от души
сенатскими кормили
на форуме собак
начдивы остроготов
считают барыши
глядишь эдикт о мире
расклеят на столбах

присядешь над газетой
латинского письма
на ней халва сардины
всем нолито уже
в шатре перед мазепой
трофейная пизда
в виссоне как с картины
в пурпурном неглиже

легко и одноактно
история прошла
теперь лети как рыба
по тибру на спине
пищальник одоакра
бедовая башка
и я поборник рима
в пурпурной простыне

\* \* \*

так и ко мне некоторые питали слабость
фреонщица с пельменносборочного
часто заходила в редакцию знакомиться

голо мне было в то отроческое время
ночлег стелил летописными подшивками
громоздил в изголовье подписного гоголя
пестовал иллюзию незадолго прослыть
но все-таки эта дуся интриговала
ее вечерние приходы с кефиром и булкой
завотделом еврей наутро отпирая
различно именовал буся или дася

или варя из омутинской командировки
чьи несметные надои я льстиво воспел
ее фамилию мюллер предал огласке
устраивал с этой особой ночные заплывы
и птицва соловепрь стенала в бору
я юноша им вис как фрукт на ветке
и тощенькой одной в эсэсовских сапожищах
из многотиражки полярный авиатор
а вместо сердца пламенный морковь

одна может быть умерла куда-то замуж
вторую общественность двинула в депутаты
и все ходит с кефиром надеется третья
о опои меня своим фреоном назад

\* \* \*

ощенил бы иную да шкворень дает слабину
не вибрировать стать апоплектику всласть отобедав
это с логача спрос он мне мозги лечил в старину
что ж свои не стерег раз на голову нет ортопедов

на износ я не скор соразмерную шкуру блюдя
благо в печени этне пресек эскулап возгореться
вот половой к зиме натолкаю амбар по мудя
на желудочный зонд соберу ниварей разговеться

хоть шукшин опиши наш прыщевник жующий соглас-
но и охабень в персть там в америке смерть далеко ты
правда в рифму щемил скорбноглавых ввергая в соблазн
но марьяж удружил от такой маеты да икоты

у людей кто в галут кто в герат весь помет передох
не за гусельный пев заголяли менады орфея
окотил бы кого в клеверах только йок передок
весь местком холостил знай диспетчерствуешь татарвея

было детство из жил убежать заплетали пейзаж
женский вред наголо голливудской лапши с героином
паче фотку спроворь из комода при розке нельзя ж
и соплями в сортире давись и дивись георгинам

\* \* \*

и. п. павлов хоть выпить слабак
был известный любитель собак
чуть завидит проделает дырку
ток пропустит подставит пробирку
жаль профессор реакции фрейд
причинил ему видимый вред

раз надумал и. п. алкоголя
достоверно исследовать вкус
но не чтоб как неопытный коля
в лужниках отрубиться под куст
перед зеркалом собственноручно
выпивал совершенно научно
и в уме заприметив дефект
приблизительно понял эффект

если б сумму значительных денег
отслюнил мне стокгольмский синклит
было б ясно зачем академик
перед зеркалом в зюзю сидит
сам я больше в пивных не бушую
от вина не встаю на дыбы
и собаку держу небольшую
не сверля в ней особой дыры
я в научный не верю прогресс
даже к фрейду исчез интерес

\* \* \*

чем выйти возразить рослой лозе изюма
вольный перечень животных солнце дневного света
человеку настает его жаркое лето жизнь
переходящее знамя всей федеративной погоды
дар выдр одр дур бодр

вот трава имени товарища тимофеева
хлипкая но с мандатом выйти в колос
над которой все облака доброй воли
пронзает коленвалом молнии
подари своим немногим сверху
светлая государыня птица

и я дитя больной но понимаю
невелика тень и умирать напрасно
предметы коленопреклонения зелень и зной
пора в гербарий мое маленькое тело
добрый вечен говорит луг
спокойного всегда

милые божьи коровки и лошадки
резвые лугом адамовичи впереди их отчий
адам
идем домой
эдем

## Сценарный вариант

Организация Данченко называлась «Чрезвычайное бюро по ликвидации правящей клики». Это бюро помещалось исключительно в уме самого Данченко. Но в комитете скоро обо всем проведали. Кому-то из персонажей был намек от одного доверительного Валерия Михайловича, в ходе беседы в особом номере гостиницы «Южная». Данченко был предупрежден.

У Заславского в ту пору были свои неприятности. Его отец работал меховщиком. Поэтому, а также за национальную принадлежность, его собирались пустить показательным процессом в кругу товарищей и сослуживцев. Наума вызывали на официальные разговоры. Из кукольного театра пришлось временно уйти — все-таки это было звено культработы. Заславский перебивался массовиком в парке.

Однажды Данченко встретил Цветкова на Проспекте и отвел к Сухобокам. Сначала пили портвейн, потом фиксатив для закрепления различных сепий и пастелей. Данченко храбрился и под восторженным взглядом хозяйки читал ниспровергательные стихи. Через неделю, когда Цветков уже отбыл по месту обучения, Данченко взяли.

Затем настала очередь Фимушкина. Фимушкин к тому времени хорошо обосновался в редакции. Он перестал выдавать себя за еврея и ожидал рождения сына Аскольда. В дни, когда нагрянуло беспокойство, у Фимушкина открылся порок сердца. Он не мог взять в толк, откуда на него дело, и лечился мелипрамином в областном сумасшедшем доме.

Вскоре Данченко выпустили. Он по-прежнему пропадал вечерами в «Кутаиси» или у театра, но отмалчивался, когда речь заходила о неприятном. Он завел себе кожаную куртку с молниями и курил анашу в компании рано созревших сверстниц. В эти дни он как бы сам повзрослел на годы, с ним больше не о чем было говорить.

Наташка Сухобок ушла от мужа и стала жить у родителей. В ночь эпизода с канализационным колодцем Данченко вызвал ее во двор условным свистом. Он был с одной из своих девочек, какой-то Ларисой. Пока они втроем пили в беседке, Данченко все улыбался и говорил, что они с Ларисой уезжают. Между тем, у него в кармане уже лежало шесть пачек нембутала.

Что касается пасхального случая с Наташкой, вся эта история остается на совести третьих лиц. Когда Цветков приезжал на каникулы, они с Заславским навестили Наташку и пили заполночь в злополучной беседке. О посмертном визите Данченко она не обмолвилась ни словом.

Некоторые детали прояснил Ровенчук, он был в контакте с самыми неожиданными сферами. Когда Данченко доставили в комитет, он сильно испугался и заложил всех поголовно, хотя никто не мог быть причастен к организации, существовавшей лишь в его воображении. В конце концов, Данченко было всего семнадцать лет.

В результате областная газета опубликовала фельетон. Это произошло еще в пору здешней жизни Данченко. В фельетоне была вкратце изложена история морального распада Данченко, но основной удар был прибережен для Фимушкина и в особенности для Цветкова. Было высказано предположение, что всему виной безыдейная и пессимистическая поэзия Цветкова, что она необратимо растлевает некоторые юные души. В доказательство приводились строки из поэмы «Красное смещение», экземпляр которой автор подарил Ляшенко по его настоятельной просьбе. Фельетон был подписан Котовым и Литовченко — таких никто в городе не знал, но были известны возможные прототипы.

Если принять все изложенные факты, в том числе факт воскресения, получаем интересный христологический парадокс. Данченко — несомненный, хотя и незадачливый, предатель — принял в конечном счете мученическую смерть и на третий день воскрес. Обещанное письмо из Азии намекает даже на некоторое новое пришествие.

Цветков же, возведенный фельетоном в ранг учителя истины, не только не понес немедленного наказания, но даже долгое время оставался в неведении относительно своей невольной роли в этих трагических и странных событиях.

В итоге перед нами удивительный вариант евангелия. Заблудший апостол предает учителя и принимает, как положено, казнь от собственной руки. Учитель, находясь в отдаленном месте, избегает крестной муки, поэтому предопределенное воскресение минует прямого адресата и выпадает на долю раскаявшегося изменника. Если Бог существует, а существует практически все, нельзя не подивиться резкости, с которой он правит уже заверенный текст. Можно, конечно, допустить существование особого сценарного варианта — его, применительно к обстоятельствам, правит кто-то другой. Для простоты назовем его Иалдаваофом.

Возможно, в происшедшем был какой-нибудь тайный смысл, но он ускользнул от исполнителей и техперсонала. Жизнь, как известно, есть зеркало перед лицом литературы, но в ней меньше логики и соответствий.

Остается завершить побочные сюжетные ходы. Фимушкин быстро восстановил свою пошатнувшуюся репутацию и вернулся со справкой об устойчивой ремиссии. С Заславским тоже обошлось, он по-прежнему правит своим кукольным миром. Сухобок сошелся с одной прикладной художницей по лаковым шкатулкам, и лишь прежняя его жена все еще проповедует в одиночку свое евангелие от нембутала.

## Опыт онтологии и космографии

Когда Фимушкин женился и обосновался в редакции, он все реже урывал время на кружку пива с Водопьяновым. Выпив, он впадал в метафизику. Он сильно боялся смерти и все искал доказательств, что ее нет.

Если Бог есть, рассуждал Фимушкин, то есть и бессмертие. Предположим все же, что Бог есть, а бессмертия нет. Такое допущение нелепо: Бог не может забыть однажды Им придуманное. Придуманное Богом по определению воплощено, ибо совершенство предполагает единство замысла и воплощения. У Бога нет отвергнутых вариантов. Фимушкин, таким образом, есть необходимая идея в сознании Бога и вынужден существовать вечно.

Предположим теперь, что Бога нет. В этом случае вся надежда на науку. Когда-нибудь люди разовьют ее до такого совершенства, что ей не будет никаких преград. Люди, фактически, сделаются Богом. Тогда вступит в силу аргумент, приведенный выше. Существование Фимушкина из случайности превратится в необходимость.

Можно допустить, что люди все же не разовьют науку как следует. Они могут даже уничтожить друг друга термоядерным оружием. Но это не беда, ведь несотворенная вселенная неуничтожима. Число шансов бесконечно. Рано или поздно наука восторжествует, и Фимушкин будет ею увековечен.

Теория была как будто стройная и неуязвимая. Вот только Фимушкин не оставил в ней места для Иалдаваофа с его режиссерскими ремарками. Возможность Иалдаваофа не была предусмотрена высшим образованием Фимушкина.

У Заславского тоже была своя игра с мироустройством. Он написал пьесу для кукольного театра, которую не имел надежды поставить из-за ее идеологической двусмысленности. За бутылкой он принимался пересказывать сюжет. Куклам надоело дергаться на палочках (это были тростевые куклы), и они решили жить по своему усмотрению. Для этого постановили выкрасть у режиссера его экземпляр пьесы. Тогда, рассуждали они, режиссер не будет знать, что ему с ними делать, и оставит их в покое.

В конце концов одному отчаянному петрушке это удается. Пьесу уговорено сжечь, но перед этим куклы решают в нее заглянуть. Оказывается, это пьеса как раз о таком заговоре кукол.

Рассуждая о сюжетах, нельзя не коснуться вот какой темы. Из чтения собранных здесь фрагментов и некоторых стихотворений легко заключить, что все они написаны Цветковым, одним из действующих лиц. Автор пытается создать впечатление, что сам он впоследствии покинул место действия и уехал в Америку.

Между тем достоверно известно, что Город исчерпывает и замыкает в себе все обитаемое пространство. Персонажи движутся по замкнутым фиксированным орбитам и циклически друг с другом взаимодействуют в согласии с нравственными и гражданскими уложениями. Такие понятия как «отъезд», «Америка» и т. д. представляют собой любопытные, но далеко не безобидные формы эскапизма. В конечном счете все это символы, если не синонимы, саморазрушения. Излишне напоминать, в какую «Америку» отправился Данченко.

Истины ради следует пояснить, что в действительности Цветков благополучно прописан в черте Города на площади родителей. Его супруга Розалия, в девичестве Резник, приходится двоюродной сестрой неоднократно упомянутому Н. Заславскому, и ее беременность протекает благополучно. По выходе из наркологической клиники Цветков почти начисто избавился от симптомов навязчивого бреда, слишком естественных в его состоянии. Его душевное здоровье теперь вне опасности, в связи с чем он восстановлен в должности диспетчера стекольного завода. Любопытно, что сам он начисто отрицает приписываемое ему авторство.

\* \* \*

The ore of time is scarcer in its bed.
Death comes without inflicting any harm.
Down to the car the helpmate is slowly led.
The loved one is dressed up like an attache.
His neighbors flock together arm in arm
to celebrate, to drink his life away.
The loved one lived — he is not any more,
dispatched with music from the party floor.
And everyone drinks with a silent resolution,
convinced that here no age is better or worse,
as if life were a kind of institution
where waiting lists are written in reverse.

The accordion sings. Wine flows both white and red.
And meanwhile everyone is as good as dead,
toasting their friend away, as yet uncertain
of their similar fortune. Up and fly
among the stars. Life always has a curtain,
and it is death. One cannot but comply.

Take the accordion and sing a song
of life that is so warm and vast, and long;
of a woman you have yielded to a friend;
of dusty mallows at the homeward bend;
of how after all years of toil and sweat
death comes. And that is nothing to regret.

# СОДЕРЖАНИЕ

## археология
### 1972—1987

**Эдем**
1985

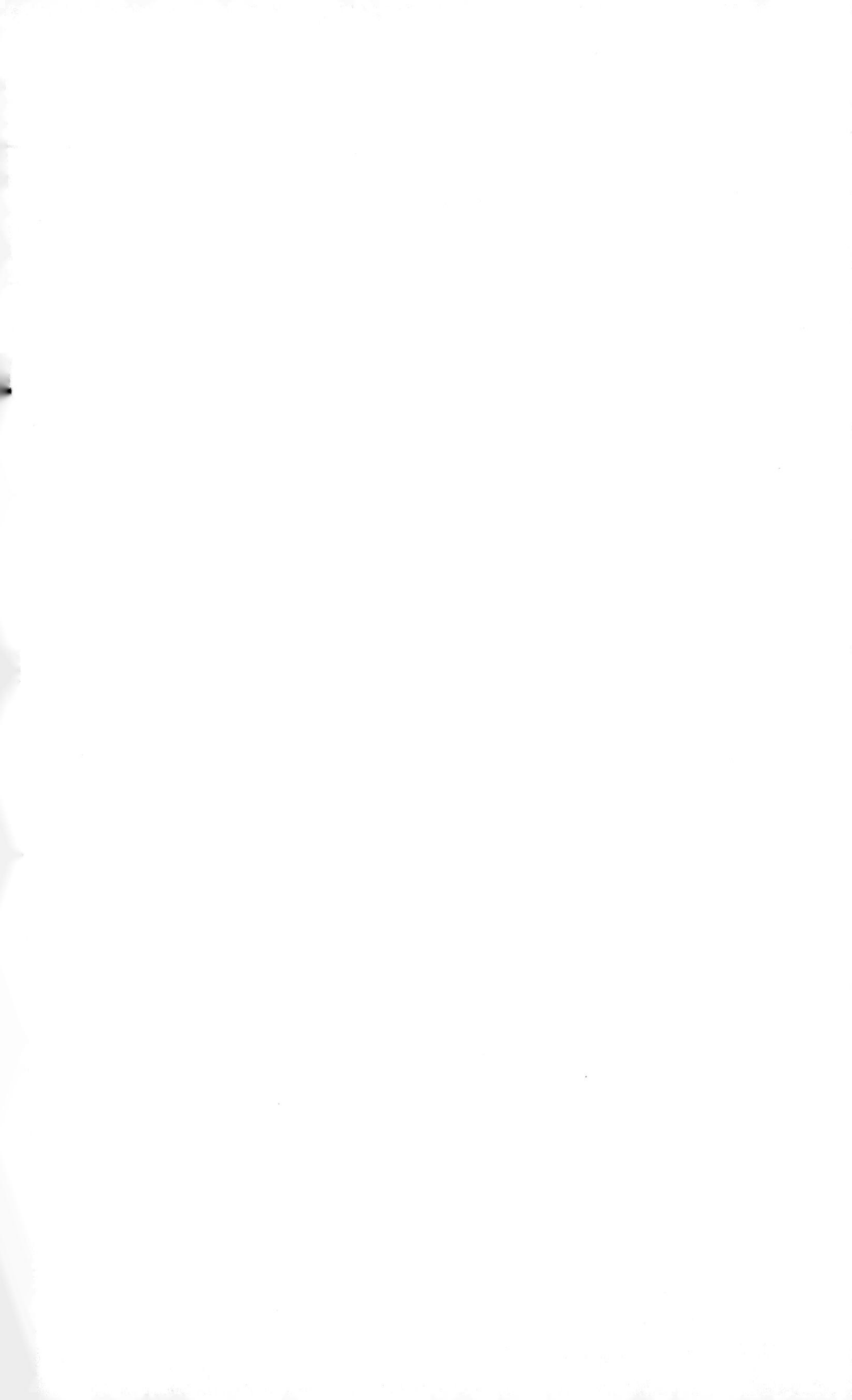

www.ingramcontent.com/pod-product-compliance
Lightning Source LLC
Chambersburg PA
CBHW060320100426
42812CB00003B/833

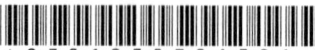